魚を一尾、さばけたら!?
濱田美里のお魚教室

濱田美里 著

河出書房新社

魚を一尾、さばけたら!?
濱田美里のお魚教室
contents

魚一尾さばけたら!! こんなに美味しい！
　こんなにお得！……4
魚の部位の名称を知っておきましょう……5

基本のさばき方教室……6

あじ教室
〈生〉
あじのお刺身 ひらづくり／あじのたたき……11
あじのなめろう／あじのキムチ和え／
　あじの、さっと酢じめ……13
〈焼く〉
あじの塩焼き……14
あじのハーブ焼き／あじのパン粉焼き……15
あじのムニエル……16
あじの照り焼き／あじの納豆巻き焼き……17
〈煮る〉
あじの梅酢煮……18
あじのトマト煮／あじのしょうが醤油煮……19
〈揚げる〉
南蛮漬け／あじフライ／小あじの唐揚げ……20
〈その他〉
冷や汁／あじのナンプリック……21
自家製干物……22

いわし教室
いわしの手開き……23
〈生〉
いわしのお刺身 細づくり……24
いわしのかんたんマリネ／
　いわしの酢味噌和え……25
〈焼く〉
いわしのニンニク焼きポルトガル風……26
緑茶入りパン粉焼き／いわしのかば焼き／
　いわしソテー カレー風味……27

いわしとじゃがいもの重ね焼き／
　いわしとなすの焼き浸し……28
〈煮る〉
丸ごといわしのふっくら煮……29
いわしの無水煮／いわしのおから煮……30
いわしの白ワイン煮／いわしのごま煮……31
〈揚げる〉
いわしのごまフライ／
　いわし丸ごとコロッケ……32

魚のミンチはこんなに便利！
魚ミンチ／焼き餃子／魚ハンバーグ……33
キャベツ入りメンチ／揚げ春巻き……34
タイ風さつま揚げ／
　れんこんとなすのはさみ揚げ……35
タコライス／ジャージャー麺……36

つみれがあればこんなに便利！
つみれだんご／つみれ汁／つみれボール……37
つみれとじゃがいもの韓国風煮物……38
チャイニーズつみれ／つみれにゅうめん／
　野菜ゴロゴロつみれカレー……39
つみれスパゲッティ／ごぼうとつみれの鍋……40

さば教室
さばの三枚おろし……41
〈生〉
お刺身 切りかけづくり／しめさば／
　焼きしめさば……42
〈焼く〉
さばの塩焼き／さばのトマトチーズ焼き……43
マスタードホイル焼き／焼きさばのサラダ……44
タンドリーさば／さばのニンニク焼き……45
〈煮る〉
簡単味噌煮／さばの韓国風煮物……46
マスタード煮／さばの酒煮タルタルソースがけ／
　昆布巻き……47
〈揚げる〉
豆腐入りさばだんご／さばの洋風あんかけ……48
ふわっ、かりっの竜田揚げ／
　揚げさばらっきょうソースがけ……49
みぞれ煮／トルコ風さばサンド……50

さんま教室

さんまの大名おろし……51

〈生〉
さんまのお刺身 バチ切り……52
さんまのマリネサラダ／さっと酢じめ……53

〈焼く〉
さんまの塩焼き／さんまのかば焼き丼……54
キムチ炒め／マリネ焼き／
　焼き漬けゆずこしょう風味……55
さんまとキノコのホイル焼き／
　丸ごとさんまのトマトソースがけ……56
さんまとねぎの煮物／イタリア風お酢煮……57
梅入り佃煮／さんまのピリ辛味噌煮……58

〈揚げる〉
さんまのしそ巻きロールフライ／からし揚げ／
　さんまの、さっぱり揚げマリネ……59

〈その他〉
さんまゴロゴロ入りスパゲッティ／
　さんまの炊き込み混ぜ寿司……60

鯛教室

鯛の三枚おろし……61

〈生〉
鯛のお刺身 そぎ切り……62
鯛のカルパッチョ／鯛の昆布締め……63

〈お刺身があまったら〉
簡単贅沢鯛めし／鯛茶漬け……64

〈蒸す〉
鯛の酒蒸し／鯛のかぶと蒸し……65
鯛のトウチ蒸し煮／鯛と野菜の土鍋蒸し……66

〈焼く〉
鯛の塩釜焼き……67
ムニエル／鯛の紙包み焼き／塩焼き……68

〈煮る〉
鯛のあっさり煮／鯛のアジアンスープ／
　鯛にゅうめん……69

〈揚げる〉
木の芽フリット／湯葉巻き揚げ……70
豪快唐揚げ……71

魚に捨てるところなし！

骨せんべい／あら汁……72
鯛のあらごぼう／鯛カレー……73

かれい教室

かれいの五枚おろし……74

〈生〉
かれいのお刺身 薄づくり……76
中華風刺身……77

〈焼く〉
かれいのムニエル……78

〈煮る〉
かれいの煮つけ……79
かれいのココナッツミルク煮／
　かれいのクリームソース煮……80

〈揚げる〉
キノコたっぷりあんかけ／かれいの南蛮漬け／
　ふんわりビールフリット……81

いか教室

いかのおろし方……82

〈生〉
お刺身 細切り／しそ巻き……83
いかの明太子和え／練りうに和え……84

〈焼く〉
いかの卵黄焼き／いかじゃがバターソテー／
　いかげそチヂミ……85

〈ゆでる〉
ゆでいかの中華風ねぎソース／
　いかとトマトのマリネ……86
いかとセロリのからし和え／
　いかのタイ風サラダ……87

〈煮る〉
いかと里芋の煮物／3分で完成 いかのさっと煮／
　いか飯……88
いかのキノコ詰め 和風煮／
　いかのパン粉詰め トマト煮……89

〈揚げる〉
リングフライ／げそのかき揚げ／
　いかコーンボール……90

〈いかのワタ料理〉
いかワタの塩漬け／
　絶品！いかワタのホイル焼き……91
いかワタキャベツ炒め／いかとカブのワタ煮……92

〈その他〉
いかの塩辛／いかすみスパゲッティ……93

魚知っ得メモ！……94

●この本の計量は、大さじ1は15㎖、小さじ1は5㎖です。1㎖＝1cc。
●魚の大きさによって、調味料の分量や焼き時間などは適宜加減して下さい。
●材料表に出てくる「だし」とは、5cmにきった昆布3枚と干ししいたけ2個を1.5ℓの水に入れて、ひと晩おいたものです。冷蔵庫で4日は保存できます。

魚一尾さばけたら!!
こんなに美味しい！ こんなにお得！

\いいこと その❶/
新鮮な魚を食べられる

魚は切り身にしたその瞬間から、鮮度がどんどん落ちていきます。でも魚一尾を買えば、家族に新鮮な魚を食べさせてあげることができます。また旅先で新鮮な魚を買ったり、親戚や知人から送られてきた魚を無駄なく料理する楽しさも！

\いいこと その❷/
レパートリーが増える

家で作る魚料理といえば、内臓を取らなくていいさんまや干物を丸ごと焼くか、切り身を買ってきて焼くか煮るかするだけでワンパターン。でも一尾さばければお刺身から丸ごとオーブン焼きまでレパートリーが一気に広がります。

\いいこと その❸/
経済的！

切り身を買って料理するよりも、一尾買ってさばくほうが経済的です。お刺身も、切ってあるものを買うよりもサクで買うほうがお得ですし、一尾おろせればもっとお買い得。新鮮なものが食べられるうえに経済的！ なのもうれしい点です。

\いいこと その❹/
ローカロリーでヘルシー

健康のために、高たんぱくでローカロリーなお魚料理を食卓に置きたい。そう考えている人も多いようです。また青魚には、脳や神経組織の発育、機能維持に不可欠な成分DHA（ドコサヘキサエン酸）が豊富に含まれています。

\いいこと その❺/
骨もあらも食べられるから

一尾丸ごとさばくことによって、良質なコラーゲンたっぷりのあらや、カルシウムが豊富に含まれている骨を使った料理もできます！

\いいこと その❻/
お料理上手に見えてポイントアップ！

魚一尾さばけたら……。女性なら家庭的でお料理上手と、夫や恋人、男友達からの評価急上昇。男性なら、たとえ料理はできなくても魚をさばくことができるだけで、頼もしい人と女性からの好感度がアップすること間違いなしです。

必要なもの・あると便利なもの

できれば小出刃を用意するといいでしょう。刃が骨にあたるので普通の家庭用包丁ではすぐに刃こぼれしてしまいますし、きれいにおろせません。お刺身を切るのには、家庭用の包丁でも十分です（上：包丁、下：小出刃）。

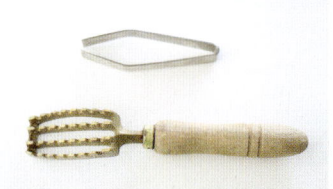

骨抜き（上）は必要なので揃えましょう。うろこ取り（下）は、包丁の刃や背を使って代用することもできます。鯛などかたいうろこの魚をおろすことが多い場合は、刃こぼれしやすいので、うろこ取りのほうがいいでしょう。

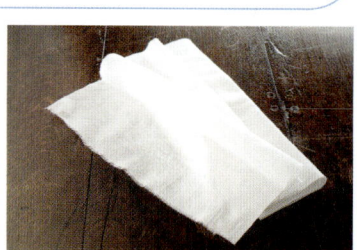

クッキングペーパーや布を用意しましょう。さらしは繰り返し使えて、タオルよりも薄手で使い勝手もよく、水もよく吸い取るのでとても便利です。

魚の部位の名称を知っておきましょう

※写真はあじですが、どの魚も基本は同じです。

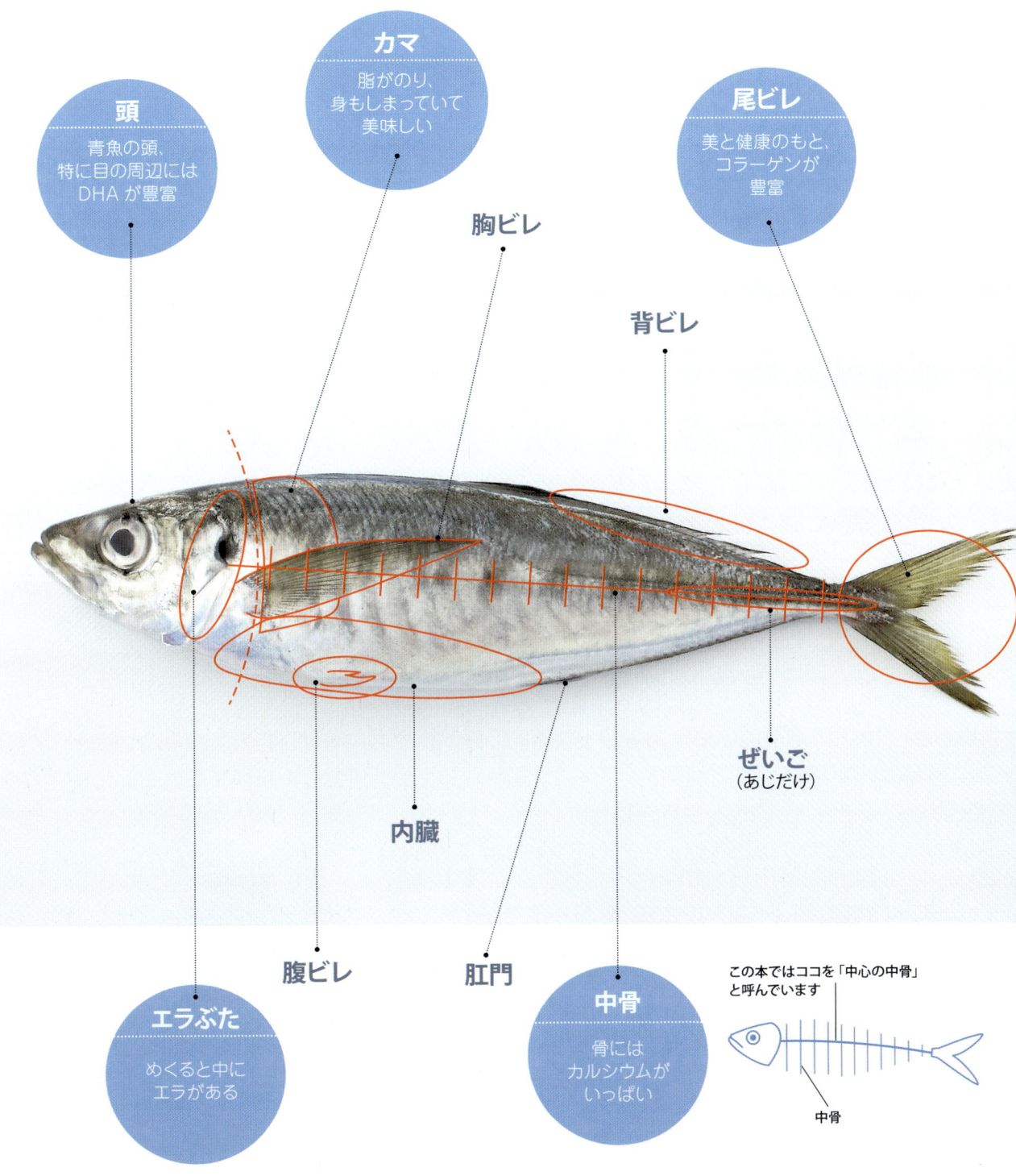

基本の
さばき方教室

※写真は「あじ」です。

このさばき方さえマスターすれば小魚からまぐろ（!）までさばける万能の方法です。

お魚をさばくのは生まれて初めて、という方でもわかるように、丁寧に細かく説明しました。
慣れないうちは、焦ることなど、ちっともありません！
ゆっくり丁寧に、写真をひとつひとつ確認しながらさばいてくださいね。

1 全体を洗う

魚のぬめりを取るつもりで全体をよく洗う。

2 うろこを取る

背の側は、尾から頭へうろこを起こすようにして包丁の刃をすべらせそぎ取る。
腹のほうは、包丁の柄の近くの刃で尾から頭へうろこを起こすようにしてそぎ取る。

うろこ取りで取る場合
うろこ取りを尾から頭にむけて動かし、うろこを取る。

3 エラを切り取る

切るポイント

エラぶたをめくり、エラの端を2カ所包丁で切って、手で取り出す。キッチンバサミで切ってもOK。

4 腹に切り目を入れる

肛門　腹ビレ

腹ビレの間から肛門まで切り目を入れる。刃先を入れる深さは1cm程度。

5 内臓を取り出す

包丁の刃先で内臓をかき出す。

6 腹の中と血合いを洗い流す

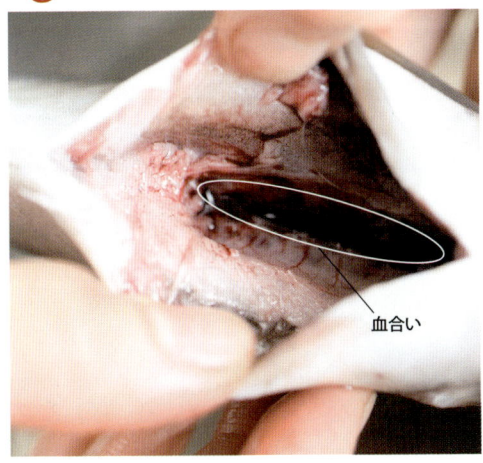

血合い

腹の中と血合いを水でよく洗い流す。歯ブラシを使って洗ってもよい。水を使うのはここまで。

7 よくふく

さらしやキッチンペーパーで水気をしっかりふき取る。水気が残っていると魚が水っぽくなってしまうので注意。

8 ぜいごを取る（あじの場合のみ）

尾のほうから4cmほどのぜいごを切り取る。包丁を寝かせるようにして前後に引きながらそぎ取るのがコツ。

内臓を取り出した後
これで、オーブン焼きや塩焼きなどの"一尾丸ごと"料理ができる。（ただし、あじはぜいごを取ってから）。

あじ さばき方

9 頭を落とす

胸ビレの下から斜め（胸ビレと腹ビレの付け根を結ぶライン）に包丁を置いて、中骨にあたるまで刃を入れる。

裏に返して、同じように胸ビレの下から斜めに包丁を置いて（表で入れた包丁と同じラインになるように）、頭を一気に落とす。

10 腹にすじを入れる

肛門から尾まで、包丁ですじをつけるように切り目を入れていく。刃を入れる深さは2mm程度。

11 中心の中骨まで包丁を入れる

包丁を中心の中骨にあたるまで入れ、⑩でつけたすじに沿って身をはがすように動かす。刃先は、中骨にごりごりとあたる程度にやや傾けると、骨に身が残らずきれいにさばける。

12 背にすじを入れる

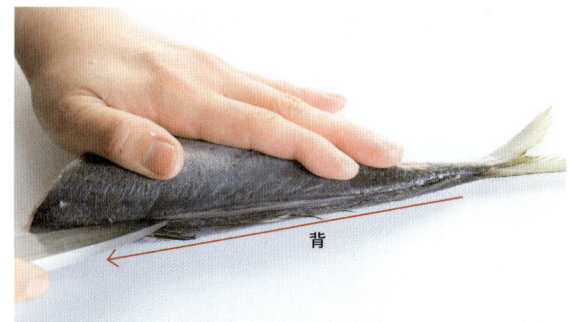

尾から頭のほうにむかって、包丁ですじをつけるように切り目を入れていく。深さは2mm程度。

13 中心の中骨まで包丁を入れる

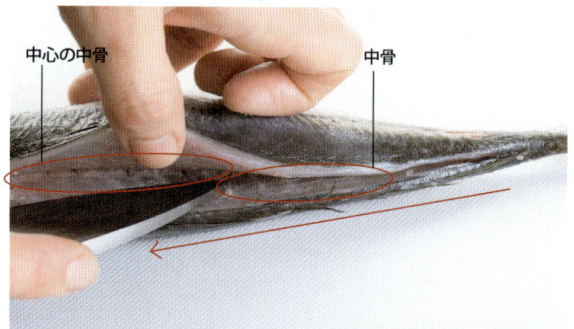

包丁を中心の中骨にあたるまで入れ、⑫でつけたすじに沿って身をはがすように動かす。刃先は、中骨にごりごりとあたる程度にやや傾けると、骨に身が残らずにさばける。

14 尾にむかって包丁を入れる

A→Bの順に包丁を入れて、尾を切り離す。

15 2枚におろす

尾から頭のほうへむかって、刃先でトントンと中骨をたたくような感じで包丁を入れる。

二枚おろし完成！

次はBのほうをさばく。

16 背にすじを入れる

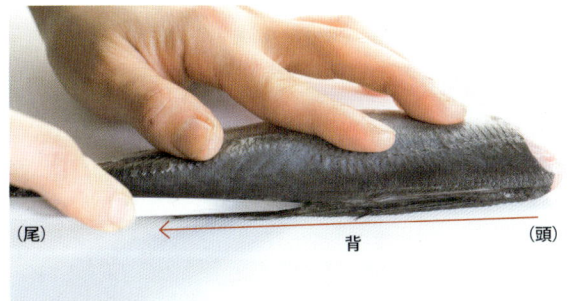

頭から尾のほうにむかって、包丁ですじをつけるように切り目を入れていく。深さは2mm程度。

17 中骨まで包丁を入れる

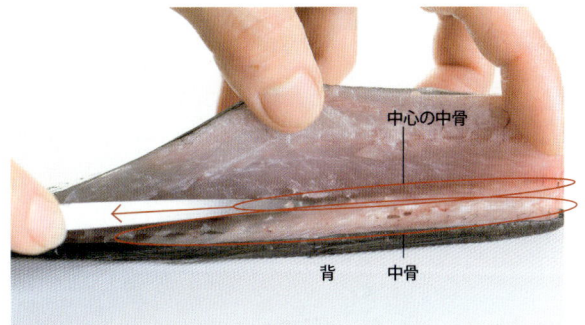

包丁を中心の中骨にあたるまで入れ、⑯でつけたすじに沿って身をはがすように動かす。刃先は中骨にごりごりとあたる程度にやや傾けると、骨に身が残らずにさばける。

18 腹に切り目を入れる

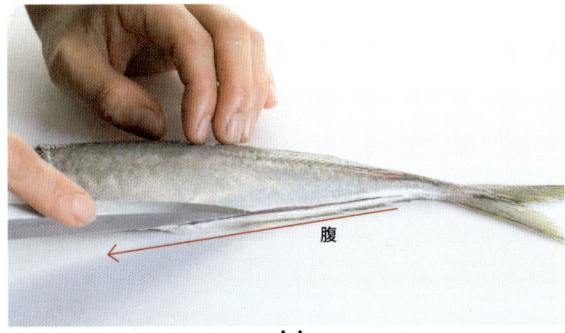

尾から頭のほうにむかって、包丁ですじをつけるように切り目を入れていく。深さは2mm程度。

19 中心の中骨まで包丁を入れる

包丁を中心の中骨にあたるまで入れ、⑱でつけたすじに沿って身をはがすように動かす。刃先は、中骨にごりごりとあたる程度にやや傾けると、骨に身が残らずにさばける。

20 尾にむかって包丁を入れる

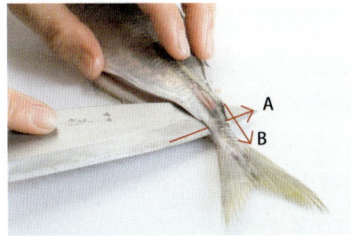

A→Bの順に包丁を入れて、尾を切り離す。

21 中骨と身を切り離す

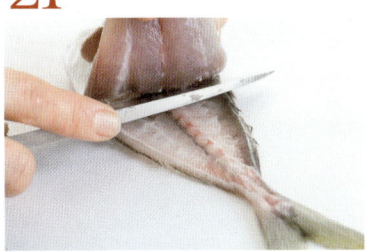

尾から頭のほうへむかって、刃先でトントンと中骨をたたいていく感じで包丁を入れる。

三枚おろし完成！

これが3枚におろした状態。調理できるまで、もうひと息！

あじ さばき方

22 腹骨をすき取る

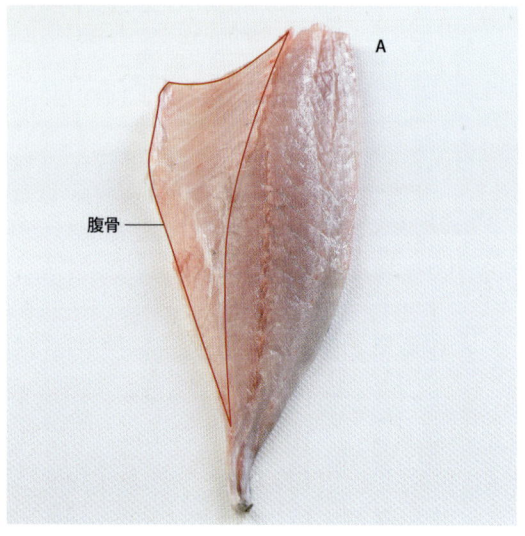

腹骨 — A

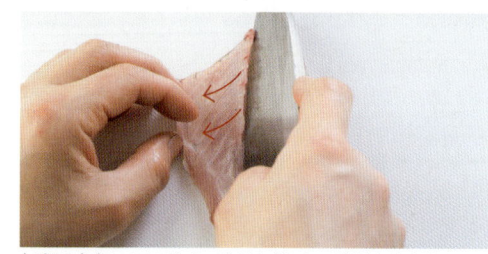

矢印の方向に、刃ですくい取るようにして腹骨をすき取る。

23 もう1枚の半身の腹骨をすき取る

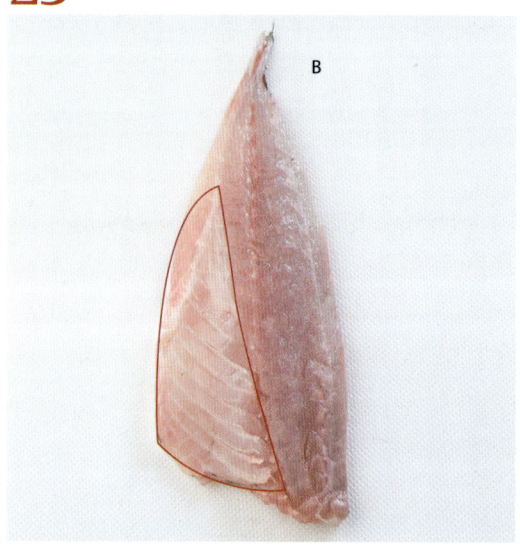

B

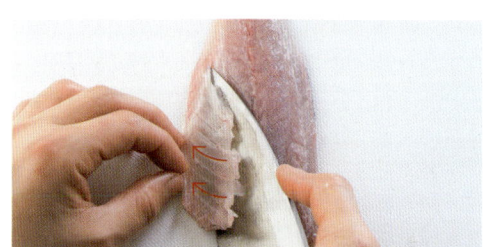

矢印の方向に、刃ですくい取るようにして腹骨をすき取る。

24 骨を抜く

骨抜きで骨を抜いていく。骨の流れに逆らうようにしてひっぱるときれいに抜ける。

これで完成です！

A （半身）
B （半身）
C

※中骨は、揚げると美味しい骨せんべいになるので捨てないこと。

あじ教室

新鮮なあじの特徴は、体につやがあり青光りしている、腹部に張りがあり高く盛り上がっている、ぜいごがしっかりしていて目が黒く澄んでいる点です。

生

あじのたたき

あじのお刺身
ひらづくり

あじ｜生

あじのお刺身 ひらづくり

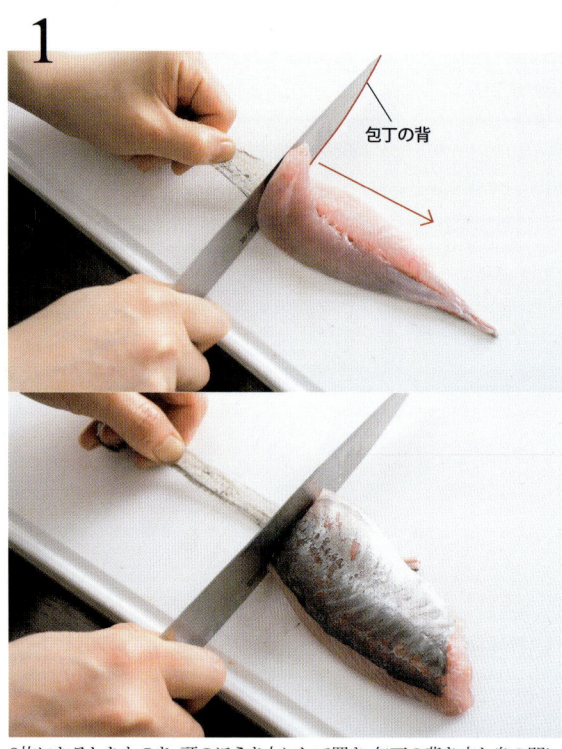

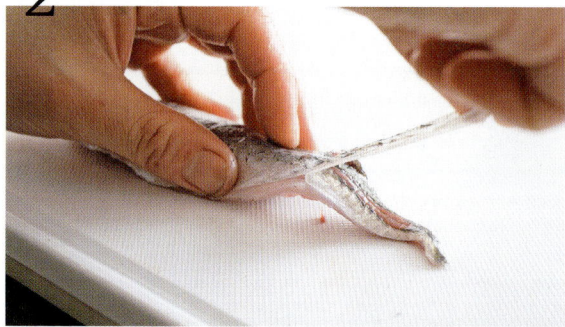

1 包丁の背

2 尾のほうへ近づいてきたら、皮を上にして手で皮をはがす。

3

3枚におろしたものを、頭のほうを左にして置き、包丁の背を皮と身の間に入れて、左手で皮を押さえて、包丁の背で皮をおすようにしてはいでいく（皮に酢を軽く塗ってからやるとはがしやすい）。

腹側を手前にして置き、包丁の刃をやや斜めに傾けて持ち、包丁の手前の方から刃先の方まで使って、一定の幅で引き切りにしていく。

薬味たっぷりが美味しさのコツ
あじのたたき

●材料(2〜4人分)
あじ……1尾(3枚におろしたもの)
A ┌ 大葉………… 2〜3枚
  │ みょうが ………… ½個
  └ しょうが ………… 適量
醤油……………………… 適量

●作り方
❶Aは細かく切って、水にさらした後、水気を切っておく。
❷あじの皮は、包丁の裏を使ってひく(あじのお刺身ひらづくり参照)。
❸②を斜めに細く切ったら、①を混ぜてさらに軽くたたく。身に粘りが出るほどたたきすぎないこと(写真右参照)。
❹③をこんもりと盛り、醤油を添えてできあがり。
※かぼすなどを添えてもよい。

これさえあれば！酒の肴の定番
あじのなめろう

●材料(4人分)
あじ……2尾(3枚におろしたもの)
A ┌ 大葉……………… 2枚
　│ しょうが………… 少々
　└ ねぎ……………… ½本
味噌………… 小さじ1〜2

●作り方
❶Aを細かく切って水にさらした後、水気を切っておく。
❷あじをたたき(P12参照)、①と味噌を加えてさらによくたたく。
❸器に盛り、卵黄(分量外)を落とす。
※酢で食べてもよい。
※あまったら、丸めて焼いたり、餃子の具にしたりするとよい。

海苔で巻いて食べても美味しい
あじのキムチ和え

●材料(4人分)
あじ……1尾(3枚におろしたもの)
キムチ………………… 60g

●作り方
❶あじの刺身をつくる(P12参照)。
❷①を刻んだキムチで和える。
※醤油、またはごま油を少量たらしてもよい。

おろしてから15分でできる
あじの、さっと酢じめ

●材料(2人分)
あじ……1尾(3枚におろしたもの)
塩………………………… 適量
酢………………………… 適量
水………………………… 適量

●作り方
❶あじに塩をふり、5分おく。
❷①を酢と水を混ぜたもので洗い水気をふき、さらに酢をかけて、10分おく。
❸②の小骨を取り(P10参照)、皮をはぐ(P12参照)。
❹刺身のように切る。
※酢じめしておくと、次の日でも美味しく食べられる。
※いわしでもOK。
※ごまや大葉などを混ぜた酢飯にのせるとあじ寿司に。薄焼き卵を手でちぎってふんわりのせると美味しい。

あじ｜焼く

焼く

いちばんシンプルで
最高に美味しい
あじの塩焼き

●材料(1人分)
あじ……1尾(内臓を取ったもの)
塩……………………… 適量

●作り方
❶あじに塩をふりかけ、冷蔵庫で10分ほど寝かせる。
❷水分が出たらふき取り、盛りつけるとき上になるほうの皮に切り目を入れ(写真1)、さらに塩をふりかける。よく温めたグリルで8分ほどこんがりと焼き色がついてふっくらするまで焼く。

オーブンで丸ごと1尾、焼きあげる
あじのハーブ焼き

●材料(2人分)
あじ……2尾(内臓を取ったもの)
塩、こしょう………… 各適量
レモン汁…………… 適量
ハーブ(生のタイム、ローズマリー、セージ、オレガノなど)…… 適量
オリーブオイル …… 大さじ1

●作り方
❶あじの表面、腹、エラぶたの中に塩、こしょう、レモン汁をふり、10分ほど寝かせる。
❷水分が出たらぬぐい、盛りつけるとき上になるほうに、斜めに1本切り目を入れる。
❸腹にハーブを詰める(少し残しておく)。
❹残りのハーブ少々を刻み、塩少々を混ぜてあじにふり、最後にオリーブオイルをかける。
❺220℃に温めておいたオーブンに入れ、10～12分焼く。

ほのかな粉チーズとパセリの香りが決め手
あじのパン粉焼き

●材料(2人分)
あじ……2尾(3枚におろしたもの)
塩、こしょう………… 各適量
レモン汁……少々(小さじ½くらい)
オリーブオイル …… 大さじ1
パン粉………………… ¼カップ
ニンニク……………… 1かけ
パセリ(みじん切り)……大さじ1
粉チーズ………… 小さじ2

●作り方
❶あじに、塩、レモン汁をふっておく。
❷耐熱皿にオリーブオイルを塗り、①のあじを並べる。
❸みじん切りにしたニンニク、パセリ、塩、こしょう、パン粉、粉チーズを混ぜたものを②にかける。
❹オリーブオイル(分量外)をふりかけ、オーブントースターで焦げ目がつくまで焼く。オーブンなら200℃で10分ほど焼く。

あじ 焼く

ふっくら仕上げのコツは
焼きすぎないこと！

あじの
ムニエル

●材料(2人分)
あじ ……1尾(3枚におろしたもの)
塩、こしょう………… 各適量
小麦粉……………… 適量
サラダ油………… 小さじ2
バター…………… 小さじ2
レモン汁……適量(小さじ2くらい)

●作り方

❶あじに塩、こしょうをふって小麦粉をまぶし、軽くはたいて余分な粉を落とす。

❷フライパンに油を熱し、温まってから、バターを入れ、①を皮目のほうから先に焼く。表面にこんがりした焼き色がつくまで中火で焼き、裏返したら弱火にする。焼き汁をかけながら焼くとおいしい。

❸あじを皿に移し、フライパンに残った焼き汁にレモン汁をたらし、あじの上からかける。

※焼きすぎないこと。
※レモンの薄切りを添えてもよい。

甘辛い味がくせになる！
あじの照り焼き

●材料(2人分)
あじ……1尾(3枚におろしたもの)
サラダ油………………適量
A ┌醤油………大さじ1½
　└みりん………大さじ2

●作り方
❶あじを食べやすい大きさに切り、油を入れて熱したフライパンで4〜5分、両面を焼く。
❷①にAを回し入れてあじに絡め、水分をとばして完成。

おかずにもおつまみにもぴったり
あじの納豆巻き焼き

●材料(2〜4人分)
あじ……2尾(3枚におろしたもの)
塩………………………適量
酒………………………大さじ1
小麦粉…………………適量
A ┌ひきわり納豆 …1パック
　│ねぎ(小口切り)……½本
　│醤油…………小さじ2
　└からし………………適量
サラダ油(またはオリーブオイル)
………………………適量

●作り方
❶あじに酒、塩をふる。
❷水気をふいたあじの身のほうに小麦粉をまぶし、混ぜておいたAを包んでつまようじで留める(写真1)。
❸フライパンにサラダ油(またはオリーブオイル)をひき、表に盛りつけるほうを下にして、強めの中火で焼き始める。1分ほどしたら弱火にして3分ほど焼き、裏返して2〜3分焼く。

煮る

あじ 煮る

梅の風味が口いっぱいに広がる！

あじの梅酢煮

●材料(2人分)
- あじ………2尾(内臓を取ったもの)
- 梅干し………………………3個
- A
  - 水……………… 250cc
  - 酒……………… 50cc
  - 醤油…………… 大さじ3
  - 酢(バルサミコ酢でもよい)
    ……………… 大さじ1
  - みりん………… 大さじ2

●作り方
❶あじの水気をふき取り、皮に切り目を入れる。
❷梅干しとAを鍋に入れて煮立たせ、①を入れて落としぶたをし、15分ほど煮る。

トマトの酸味があじを引き立てます
あじのトマト煮

●材料(4人分)
あじ……4尾(3枚におろしたもの)
ニンニク……………………1かけ
玉ねぎ………………………小1個
トマト水煮缶………………1缶
スープ(チキンブイヨンまたは昆布だし)……… 100cc
オリーブオイル……大さじ3
ローリエ……………………1枚
小麦粉………………………適量
塩、こしょう………各適量
醤油…………………………適量
サラダ油……………………適量

●作り方
❶あじに、塩、こしょうをふる。
❷ニンニク、玉ねぎはみじん切りにする。
❸鍋にオリーブオイル、ニンニクを入れて熱し、香りが出たら玉ねぎを入れて炒める。玉ねぎがきつね色になったらトマトをつぶし入れて、スープ、ローリエ、塩少々を加え10分煮る。
❹小麦粉をまぶしたあじを、フライパンで多めの油で揚げ焼きにし、❸の鍋に入れ5分煮る。
❺最後に、塩、醤油で味を調える。
※ 好みで赤唐辛子を入れてもよい。トマトの甘みが足りない場合は、ひとつまみの砂糖を入れるとよい。
※ さばで作っても美味しい。

特に新鮮なあじを使って!
あじのしょうが醤油煮

●材料(2人分)
あじ…… 2尾(内臓を取ったもの)
A ┌ しょうが(薄切りにしたもの)……… 3〜4枚
  │ 水……………… 200cc
  │ 酒……………… 100cc
  │ 塩……………… 小さじ½
  │ 薄口醤油……… 大さじ1
  └ みりん………… 大さじ½

●作り方
❶あじの表になるほうの皮目に斜めの切り目を入れる。
❷鍋にAを入れて煮立たせ、①を切り目を上にしてそっと入れる。
❸落としぶたをし、時々汁をかけながら10分煮る。
※あじがそのまま入る直径の大きい鍋がなかったら、半分に切るか、フライパンで煮るとよい。
※梅干しの種を入れて煮ると、魚のくせが取れてあっさり仕上がる。

あじ 揚げる

揚げる

野菜もたっぷり食べられる
南蛮漬け

●材料(4人分)
- 小あじ…8尾(内臓を取ったもの)
- 玉ねぎ……………………小1個
- にんじん……………………½本
- ピーマン………………1〜2個
- 赤唐辛子(輪切り)……お好みで
- 小麦粉……………………適量
- 揚げ油……………………適量
- A
  - だし……………………300cc
  - 塩……………………小さじ1
  - 酢……………………150cc
  - 薄口醤油………………50cc
  - みりん…………………100cc
- B
  - 酒……………………50cc
  - 醤油…………………大さじ1
  - しょうがおろし汁……大さじ1

●作り方
❶玉ねぎ、ピーマンは細切り、にんじんはせん切りにする。
❷Aを沸騰させて冷まし、①の野菜と、好みの量の赤唐辛子を加える。
❸あじを、Bに10分つけておく。
❹③の水気をふいて小麦粉をまぶし、180℃の油で5分揚げる(2度揚げするとからっとする)。
❺揚がったら、②に30分以上つける。

大人気の定番料理
あじフライ

●材料(2人分)
- あじ……2尾(3枚におろしたもの)
- 塩、こしょう……………各適量
- 小麦粉……………………適量
- 卵……………………………1個
- パン粉……………………適量
- 揚げ油……………………適量

●作り方
❶あじに塩、こしょうをし、小麦粉、とき卵、パン粉を順につける。
❷180℃の油で色づくまで揚げる。

※最後に少し火を強めるとからっと揚がる。
※魚のくせが気になる場合は、3枚におろしたあと、牛乳をくぐらせる。
※タルタルソースやレモン、ウスターソースなどを添えて。

骨まで丸ごと食べられる！
小あじの唐揚げ

●材料(4人分)
- 小あじ…300g(内臓を取ったもの)
- 塩、こしょう……………各適量
- 小麦粉……………………適量
- 片栗粉……………………適量
- 揚げ油……………………適量

●作り方
❶あじに塩、こしょうをふり、小麦粉と片栗粉を同量混ぜたものを入れたビニール袋に入れてまぶす。
❷全体に粉がついたら160℃の油で揚げて一度取り出し、油の温度を上げた(190℃)ところに再度入れて、からっと揚げる。

※塩、こしょうをふるときに、カレー粉や五香粉、ガーリックパウダーなどを加えても美味しい。ビールによく合う。
※大きなあじを使う場合は、3枚におろして、食べやすい大きさに切って。

宮崎の郷土料理
冷や汁

タイ風味のでんぶ
あじのナンプリック

その他

●材料(2人分)
あじ……1尾(内臓を取ったもの)
塩……………………少々
味噌(できれば麦味噌)
　……………………大さじ2
水(またはだし)………300cc
木綿豆腐……………⅓丁
きゅうり……………½本
みょうが……………3個

●作り方
❶あじに塩をふりかけ、グリルで8分ほど焼く。味噌もアルミホイルに包みいっしょに焼く。

❷頭と骨は除き、身をほぐしたあじと①の味噌をすり鉢に入れてすり、冷たい水(またはだし)でのばす。

❸②を器に盛り、くずした豆腐、きゅうりの薄切り、みょうがのせん切りを浮かべる。
※すりごまをちらしてもよい。
※麦ご飯にかけて食べると美味しい。すり鉢ですった後にすり鉢をコンロに傾けて表面をあぶると、より香ばしくなる。

●材料(2人分)
あじ……1尾(内臓を取ったもの)
塩……………………少々
小玉ねぎ……………3個
ニンニク……………2かけ
ナンプラー
　………………小さじ2〜大さじ1
赤唐辛子(あれば生。乾燥なら戻しておく)……………1本
ライム(なければレモン)汁
　………………小さじ1〜2

●作り方
❶あじに塩をふってグリルで焼く。焼いた後に身をほぐす。頭と骨は除く。

❷小玉ねぎと薄皮をつけたままのニンニクを、フライパンで15分くらい、から焼きした後、皮をむく。

❸すり鉢に、①、②、ナンプラー、種を取った赤唐辛子を入れてすりつぶし、最後にライムをしぼる。

あじ 干物

自家製干物

1

内臓を取っておく。(P6～の基本のさばき方教室の1～8参照)

2

腹側から頭に包丁を入れて割る。

3
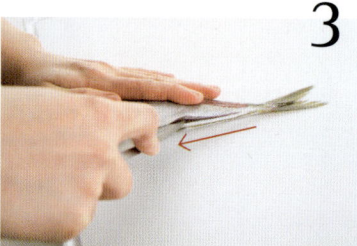
尾から肛門まで包丁を入れる。

4

中心の中骨のわきに包丁を入れて身と切り離していく。

5

しっかり血合いを取ってから、3％の塩水に10～15分間つける。この水に酒少々たらすと香りがよい。

6

天日にはあてないようにし、風通しのいいところに2～3時間干す。減塩なので夏は作らないほうがいい(外気温15度以上、湿度20％以上の環境は干物作りに適さない)。

いわし教室

いわしの手開き

新鮮ないわしの特徴は、目が黒く澄んでいること。そして、体の斑点が鮮やかで、全体的に光っていること。身がかたく、骨と身がはがしにくいほうが新鮮です。

1 手で開く

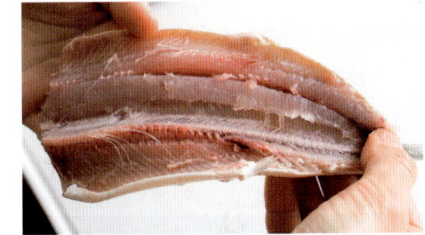

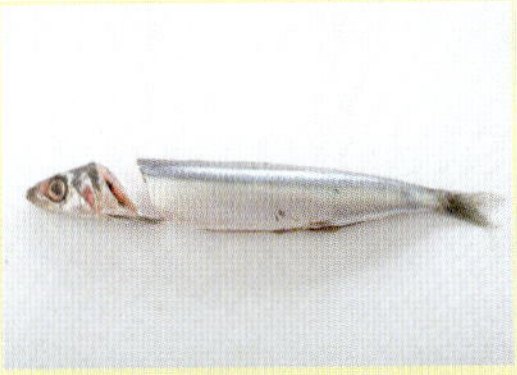

エラと内臓を取り出し頭を切り落とす(P6〜の基本のさばき方教室の1〜9参照)。

腹のほうを上に向けて手に持ち、頭のほうから尾にむかって、親指でしごくようにして中骨と身をはがしていく。このとき、中骨のわきに親指を入れていくとやりやすい。

2 尾と中骨を切り離す

尾の付け根に包丁を入れ、尾まで切り落とさないように、中骨を切る。

3 中骨を手で取る

尾のほうから頭にむかって中骨を身からはがしていく。

4 腹骨をすき取る

矢印の方向に、刃ですくいあげるようにして腹骨をすき取る。反対側も同様に。

5 背ビレを切り取る

包丁またはキッチンバサミで背ビレを切り取る。

手開き完成!

これで、いわしの手開きが完成。もちろんP9のように3枚、または大名おろし(P51参照)にしてもOK。料理や好みによって使い分けて。

いわし 生

生

いわしのお刺身 細づくり

1. 3枚におろしたものを、指で頭のほうから皮をはいでいく。

2. 頭のほうを左にして置く。右側から5mm幅でひいて細く切る。※すりおろしたしょうがを添えて器に盛る。

5分置くだけ！
いわしのかんたんマリネ

●材料(2人分)
いわし……4尾(手開きにしたもの)
塩…………………小さじ1
こしょう……………適量
ワインビネガー……大さじ1
オリーブオイル……大さじ1

●作り方
❶いわしに塩をふり、5分ほどおく。水気をふき取る。
❷ワインビネガーをかけて1分置く。
❸いわしの皮をはがし(P24参照)、皿に並べオリーブオイル、こしょうをふる。

コクのある酢味噌で食べる
いわしの酢味噌和え

●材料(2人分)
いわし………1尾(刺身にする)
A ┌ 酢……………大さじ1½
  │ みりん………大さじ1
  └ 味噌…………大さじ1

●作り方
❶Aを混ぜあわせて酢味噌を作る。
❷いわしの刺身を①で和える。
※菜の花やわけぎ、わかめといっしょに和えても美味しい。
※あれば、いわしの刺身に梅酢をさっとふりかけておくとくせがやわらぐ。

いわし 焼く

焼く

丸ごといわしとホコホコニンニク
いわしのニンニク焼き ポルトガル風

●材料(2～4人分)
いわし ……4尾(内臓を取ったもの)
ニンニク ……………３かけ
塩、こしょう ………各適量
オリーブオイル ……大さじ3

●作り方
❶ニンニクの皮をむき、縦半分に切って芯を取る。
❷いわしに塩、こしょうをふる。
❸フライパンにオリーブオイルとニンニクを入れて火にかける。
❹ニンニクの香りが出て油が温まってきたら、いわしを入れ、じっくりと揚げ焼きにする。

緑茶の香りがいわしのくせを和らげる
緑茶入りパン粉焼き

●材料(4人分)
いわし ……………4尾
　　（3枚におろしたもの。
　　または手開きにしたもの）
塩、こしょう ……… 各適量
オリーブオイル …… 大さじ1
A ┌ パン粉 ………… 大さじ2
　├ 緑茶 …………… 大さじ½
　├ 粉チーズ ……… 小さじ1
　└ 醤油 …………… 大さじ½

●作り方
❶いわしに塩、こしょうをふり、油（分量外）を塗った耐熱皿に並べる。
❷Aを混ぜたものを①にかけ、オリーブオイルを回しかけてオーブントースターで焼き色がつくまで5分焼く。オーブンなら230℃で3分30秒～4分焼く。

とろりとした照り焼きだれがくせになる
いわしのかば焼き

●材料(2人分)
いわし ……2尾(手開きにしたもの)
小麦粉 …………… 大さじ1
片栗粉 …………… 大さじ1
A ┌ 酒 ……………… 大さじ1
　├ 醤油 …………… 大さじ1
　└ みりん ………… 大さじ2
サラダ油 ………… 大さじ2

●作り方
❶小麦粉と片栗粉を同量ずつ混ぜたものをいわしに薄くまぶす(ビニール袋に入れてふるか茶こしでふるうと全体にまんべんなくつく)。
❷フライパンに油を入れて熱し、いわしの皮が上になるように身のほうから入れて焼く。
❸焼き目がついたら裏返し、Aをまわし入れ、照りが出てきたらできあがり。
※山椒や大葉、七味などを添えるとよい。
※Aにコチュジャンを少量加えると韓国風に。

カレー風味が食欲をそそる
いわしソテー カレー風味

●材料(2人分)
いわし ……2尾(3枚におろしたもの)
塩、こしょう ……… 各適量
カレー粉 ………… 少々
小麦粉 …………… 適量
オリーブオイル … 大さじ1½

●作り方
❶いわしに、塩、こしょう、カレー粉をふり、小麦粉をまぶす。軽くはたいて余分な粉を落とす。
❷フライパンにオリーブオイルを入れて熱し、①を皮目のほうから焼く。
❸表面にこんがりした焼き色がつくまで中火で焼き、裏返したら少し火を弱め1～2分焼く。焼きすぎないよう注意。
※香菜を添えてもよい。

いわし｜焼く

簡単なのに、ごちそう料理！
いわしとじゃがいもの重ね焼き

●材料(4人分)

いわし … 6尾(3枚におろしたもの)
じゃがいも ……… 4個(550g)
塩、こしょう ………… 各適量
A ┌ ニンニク(みじん切り)
　│ ………………… 大さじ1
　│ パセリ(みじん切り)
　│ ………………… 大さじ1
　│ パン粉 ………… 大さじ4
　└ 粉チーズ ……… 大さじ2
オリーブオイル ……… 適量
バター ………………… 20g

●作り方

❶じゃがいもは皮をむき、スライサーでせん切りにする。フライパンにオリーブオイルをしき、いわしを両面焼く。
❷耐熱皿にオリーブオイルを塗る。
❸②にいわしを並べ、塩、こしょう、じゃがいも、A、いわし、塩、こしょう、じゃがいも、A、いわし……と重ね、Aの上にバターをのせる。
❹200℃に温めたオーブンで25分ほど焼く。焦げそうならアルミホイルをかぶせる。

さっぱり食べたいときには
いわしとなすの焼き浸し

●材料(2人分)

いわし ………………… 4尾
　　(頭と内臓を取ったもの)
なす …………………… 1本
パプリカ ……………… 1個
塩 ……………………… 適量
A ┌ だし ………… 2カップ
　│ しょうが汁 …… 適量
　│ 酒 …………… 大さじ3
　└ 醤油 ………… 大さじ3

●作り方

❶Aは煮立てて冷ましておく。
❷いわしにかるく塩をふり、グリルで約5分焼く。
❸なすは縦6等分に切り、パプリカも縦1cm幅に切り、塩をふってグリルで約6分ほど焼く。
❹②と③を①につけてできあがり。

煮る

上品な薄味でいただく
丸ごといわしのふっくら煮

●材料(2人分)
いわし……………………2尾
(頭と内臓を取ったもの)
A ┌ だし(または水)… 400cc
　│ 酒……………… 大さじ2
　│ 薄口醤油……… 大さじ2
　└ みりん………… 大さじ2

●作り方
❶いわしの水気をよくふき取っておく。
❷①の皮目に斜めに数本切り目を入れる。
❸鍋にAを入れ、煮立ったら、いわしを入れてさらに中火で15分ほど煮る。

いわし 煮る

特に新鮮ないわしを使って！
いわしの無水煮

炊飯器でほっくり炊きあげる
いわしのおから煮

●材料（4人分）
小さめのいわし
　……30尾（内臓を取っておく）
塩………………………適量
●作り方
❶いわしは水気をしっかりふき取る。
❷厚手の鍋（土鍋でもよい）に①を入れ、塩をふってふたをする。中火にかけて、鍋が熱くなったら弱火にして25〜30分煮る。
※できあがったものにオリーブオイル（適量）を全体的にかけておくと、より日持ちがする。
※パンに挟んでも美味しい。
※ものすごく新鮮なら、内臓をつけたままでも、その苦みがまた美味しい。

●材料（4人分）
5合炊き炊飯器
いわし………………………4尾
　（頭と内臓を取ったもの）
おから……………………300g
酒…………………………150cc
醤油………………………210cc

1

●作り方
❶いわしは水気をしっかりふき取る。
❷おからと酒、醤油を混ぜる。
❸炊飯器の内釜に②を半量敷き、①をのせ、さらに残りの②で覆って（写真1）ふたをしてスイッチオン。
❹おからを軽く落として盛りつける。

フライパンでささっとできる
いわしの白ワイン煮

こっくりとした仕上がり
いわしのごま煮

●材料(2人分)
- いわし……4尾（頭と内臓を取ったもの）
- 玉ねぎ……½個
- ニンニク……1かけ
- 白ワイン……100cc
- スープ（ブイヨン）……200cc
- 塩、こしょう……各少々
- ローリエ……1枚
- オリーブオイル……大さじ1

●作り方
❶いわしは水気をしっかりふき取る。大きければぶつ切りにする。
❷玉ねぎとニンニクは薄切りにして、オリーブオイルで炒める。
❸②に①を入れて、白ワイン、スープ、塩、こしょう、ローリエを加えて、落としぶたをして15分煮る。

●材料(2人分)
- いわし……6尾（頭と内臓を取ったもの）
- A
  - 練り黒ごま……大さじ1½
  - しょうが（薄切り）……3枚
  - 水……200cc
  - 酒……大さじ2
  - 砂糖……大さじ1
  - 醤油……大さじ3
  - みりん……大さじ1

●作り方
❶いわしは水気をしっかりふき取る。
❷Aを煮立てたところに①を入れ、落としぶたをして弱めの中火で20分くらい煮る。

いわし 揚げる

ごまの風味が香ばしい
いわしのごまフライ

●材料(2人分)
いわし … 2尾(3枚におろしたもの)
塩、こしょう………… 各適量
小麦粉……………………… 適量
卵……………………………1個
A ┌ 黒・白炒りごま
　│　　　………合わせて30g
　└ パン粉………1カップ
揚げ油………………… 適量

●作り方
❶いわしの水気をしっかりふき取っておく。
❷①に塩、こしょうをふり、小麦粉、とき卵、Aをつけて180℃の油で4〜5分揚げる。

揚げる

いわし1尾を使う
いわし丸ごとコロッケ

●材料(2人分)
いわし……4尾(手開きにしたもの)
じゃがいも………………2個
玉ねぎ………………… ½個
小麦粉…………………… 適量
卵……………………………1個
パン粉…………………… 適量
塩、こしょう………… 各適量
粉末タイム……… お好みで
揚げ油………………… 適量

●作り方
❶いわしの水気をよくふき取っておく。
❷じゃがいもは皮をむき、4等分して塩ゆでしてつぶし、玉ねぎのみじん切り、とき卵¼個分を混ぜておく。
❸①に塩、こしょう、あればタイムをふって小麦粉をまぶし、②を挟んで(写真1)、小麦粉、残りのとき卵、パン粉をつけて170℃の油で10分ほどゆっくり揚げる。最後に少し火を強めてからっとさせる。

1

魚のミンチはこんなに便利!

安売りしているときにたくさん作って冷凍保存しておけば、ハンバーグや春巻き、餃子にそぼろ料理にと、すぐにアレンジできるので忙しいときには大助かり。魚が苦手な家族も、これならパクパク食べてくれるでしょう。

魚ミンチ

●材料
青魚(いわし、あじ、さば、さんまなど3枚におろしたもの) …… 好みの分量
酒 ………………………… 適量

●作り方
❶皮をはぐ(写真1)(P12あじのお刺身ひらづくり参照)。
※さばなどは皮をつけたままスプーンでこそぎ取ってもよいし、いわしのように皮の薄いものは皮つきのままでもよい。
❷①をブツ切りにする。
❸②をフードプロセッサーにかける(写真2)。ない場合はすり鉢でする(写真3)。または包丁でひたすらたたく(写真4)。
❹密封できる袋に入れて平たくして冷凍庫へ。2週間は保存可能。

 1
 2
 3
 4

冷凍もできる!
焼き餃子

●材料(20個分)
魚ミンチ ………………… 150g
ねぎ ……………………… 1本
大葉 ……………………… 5枚
餃子の皮 ………………… 20枚
たたき梅肉 …………… 小さじ1
塩 ………………… ひとつまみ
醤油 …………………… 小さじ½
ごま油 ………………… 小さじ1
サラダ油 ………………… 適量

●作り方
❶ねぎはみじん切り、大葉はせん切りにする。
❷ミンチをよく練り、①、たたき梅肉、塩、醤油、ごま油を入れて混ぜる。
❸餃子の皮で包む。フライパンに油を熱し、餃子を入れて水を回し入れふたをして6～7分蒸し焼きにする。
※焼く前でも焼いたものでも1週間ほど冷凍保存できます。

お弁当のおかずにも!!
魚ハンバーグ

●材料(2人分)
魚ミンチ ………………… 150g
玉ねぎ …………………… ½個
ニンニク ………………… 1かけ
しいたけ ………………… 2枚
塩、こしょう ………… 各適量
パン粉 ………………… 大さじ2
白ワイン(なければ酒)
　　　　 ……………… 大さじ2
サラダ油 ………………… 適量

●作り方
❶玉ねぎ、ニンニク、しいたけはみじん切りにして、さっと炒めておく。
❷材料をすべて混ぜたものを直径4～5cmに丸め、油を熱したフライパンで両面を6～7分焼く。
※大根おろしと大葉のせん切りを添えてもよい。

> ミンチ

キャベツ入りメンチ
キャベツの香りがさわやかな

揚げ春巻き
おべんとうのおかずにもビールにも合う！

●材料(2人分)
- 魚ミンチ ……………… 150g
- キャベツ ……………… 2枚
- 玉ねぎ ………………… ½個
- 卵 ……………………… 1個
- パン粉 ………………… ¼カップ
- 牛乳 …………………… 50cc
- 塩、こしょう ………… 各適量
- 衣
  - ┌ 小麦粉 …………… 適量
  - │ とき卵 …………… 適量
  - └ パン粉 …………… 適量
- 揚げ油 ………………… 適量

●作り方
❶キャベツと玉ねぎはみじん切りにし、パン粉は牛乳に浸しておく。
❷ボウルにすべての材料を入れて混ぜる。
❸②を6等分にして小判形に丸め、小麦粉、とき卵、パン粉の順に衣をつける。170℃の油に入れて、衣がきつね色になるまでじっくり揚げる。最後に少し火を強めて油の温度を上げる。

●材料(20個分)
- 魚ミンチ ……………… 100g
- しいたけ ……………… 3枚
- ねぎ …………………… ½本
- にら …………………… 6本
- しょうが ……………… 少々
- さつまいも …………… 50g
- 塩、こしょう ………… 各少々
- ナンプラー(なければ醤油)
  　　　　　　………… 小さじ1
- 春巻きの皮 …………… 10枚
- 水溶き小麦粉 ………… 適量
- 揚げ油 ………………… 適量

●作り方
❶しいたけ、ねぎ、にら、しょうがはみじん切りに、さつまいもは皮をむいてすりおろしておく。
❷ミンチに、塩、こしょう、ナンプラーと①を混ぜる。
❸春巻きの皮で②を細く包み、水溶き小麦粉でふちを閉じる。
❹140〜150℃の油で7〜8分ゆっくり揚げる。
※溶きからしを添えてもよい。

ピリ辛風味がくせになる
タイ風さつま揚げ

ボリュームおかず！
れんこんとなすのはさみ揚げ

●材料(30個分)
魚ミンチ ……………… 300g
塩 ………………………… 適量
タイのグリーン(またはレッド)
　カレーペースト … 1袋(50g)
グリーンピース(ゆでたもの)
　………………………… 100g
卵 ………………………… 1個
揚げ油 …………………… 適量

●作り方
❶すべての材料を混ぜる。
❷直径3cmくらいのボール状に丸め、180℃の油で3〜4分揚げる。
※冷凍コーンや、ミックスベジタブルを使ってもよい。

●材料(計10個)
魚ミンチ ……………… 150g
れんこん ………………… 6cm
なす ……………………… 2本
しいたけ ………………… 1個
ねぎ …………………… 1/2本
A ┌ 塩 ……………………… 少々
　├ 味噌 ………………… 大さじ1
　└ 片栗粉 …………… 大さじ1〜2
小麦粉 …………………… 適量
揚げ油 …………………… 適量

●作り方
❶ねぎとしいたけはみじん切りに、れんこんは皮をむいて5mm厚さに切る。なすは縦半分に切り、さらに根元を切り離さないように切り目を入れておく。
❷ミンチとねぎ、しいたけ、Aを混ぜ、れんこんとなすに小麦粉をまぶして挟む。
❸170℃の油で6〜7分揚げる。
※ポン酢醤油やからし醤油で食べると美味しい。

ミンチ

チリソースと魚ミンチの相性抜群！
タコライス

●材料(2人分)

魚ミンチ	100g
玉ねぎ	¼個
ニンニク	1かけ
ピーマン	1個
塩	小さじ1
オリーブオイル	適量
A ┌ チリソース	大さじ2
├ 醤油	大さじ1
└ 赤ワイン(または酒)	大さじ2
レタス	2～3枚
トマト	½個
チーズ	お好みで
ご飯	1合分

●作り方

❶オリーブオイルとみじん切りのニンニクを熱して香りを出し、みじん切りにした玉ねぎ、ピーマン、ミンチ、塩を加えて炒める。
❷Aを加えて、汁気がなくなるまで中火で7～8分炒める。
❸レタスはせん切りに、トマトは角切りか輪切りにし、チーズは5mm幅に切る。
❹器に盛ったご飯に❸をのせ、上に❷をかける。

甘辛、魚肉味噌が決め手
ジャージャー麺

●材料(2人分)

魚ミンチ	120g
中華めん	2玉
ねぎ	1本
ニンニク	1かけ
しょうが	適量
豆板醤	小さじ1
塩	適量
A ┌ スープ(またはだし)	50cc
├ 酒	大さじ3
├ 醤油	大さじ1
└ オイスターソース	大さじ1½
ごま油	大さじ1
水溶き片栗粉	適量
こしょう	適量
サラダ油	大さじ1

●作り方

❶ねぎ、ニンニク、しょうがはみじん切りにする。
❷フライパンに油を熱し、ニンニク、しょうがを入れて香りを出し、ミンチ、ねぎ、豆板醤を炒める。塩とAを入れて、軽く煮る。
❸中華めんを少しかためにゆで、ゆで汁をよく切って、ごま油を絡める。
❹❷に水溶き片栗粉でとろみをつけて、❸の上にかけ、こしょうをたっぷりふりかける。

つみれがあればこんなに便利！

お魚のミンチで作ったつみれを冷凍保存しておけば、スープに入れたり、揚げたり、煮たりとあれこれ展開できて、とっても便利です。一度火を通してあるので調理時間が短いのもうれしいところ！

つみれだんご

● 材料
- 魚ミンチ(P33参照) ……… 800g
- 塩 …………………… 小さじ1
- A
  - しょうが汁 …… 大さじ1
  - 卵 ………………… 2個
  - 小麦粉 ………… 大さじ5
  - 味噌 …………… 大さじ1
- 酒 …………………… 少々

● 作り方
❶ P33で作ったミンチに塩、Aを混ぜ、直径3cmくらいのボール形に丸める(写真1)。
❷ 沸騰した湯に酒少々を入れ、①が浮いてくるまでゆでる(写真2)。

※冷凍庫で2週間は保存可能。ゆで汁は、おいしいだしが出ているので味噌汁などに使うとよい。
※魚が新鮮なうちに作ること。

魚のうまみが体にしみわたる
つみれ汁

● 材料(2人分)
- つみれだんご …………… 4個
- 昆布と干ししいたけの水だし
  (なければ水またはつみれのゆで汁)
  …………………… 500cc
- ねぎ ………………… ½本
- 大根 ………………… 4cm
- 酒 …………………… 大さじ1
- 塩 …………………… 少々
- 薄口醤油 …………… 小さじ1

● 作り方
❶ ねぎは斜め切りに、大根は短冊切りにする。
❷ だしに①とつみれだんごを入れて煮る。
❸ 大根がやわらかくなったら酒、塩、醤油で味を調える。
※ ゆずの皮を入れてもよい。

甘辛いたれをよ～く絡めて
つみれボール

● 材料(2人分)
- つみれだんご …………… 8個
- A
  - 酒 ………………… 大さじ1
  - 醤油 ……………… 大さじ1
  - みりん …………… 大さじ1強
- 水溶き片栗粉 ………… 適量
- あさつき ……………… 適量
- 揚げ油 ………………… 適量

● 作り方
❶ つみれだんごを、180℃の油で2～3分からっと揚げる。
❷ Aを煮立てたところに①を入れて絡ませ、水溶き片栗粉を回し入れてとろみをつける。
❸ ②を器に盛り、小口切りしたあさつきをちらす。
※ 子供向きにはAにケチャップを加えてもよい。

つみれ

コチュジャンをピリリときかせた
つみれとじゃがいもの韓国風煮物

●材料(2〜4人分)
- つみれだんご ……… 12個
- じゃがいも ………… 大2個
- ねぎ ………………… 1本
- ニンニク …………… 1かけ
- しょうが …………… 1かけ
- コチュジャン ……… 大さじ2
- ごま油 ……………… 大さじ1

A
- 水 …………… 100cc
- 酒 …………… 50cc
- 醤油 ………… 大さじ2
- みりん ……… 大さじ2

青ねぎ ………… 10本

●作り方
❶ニンニク、ねぎ、しょうがはみじん切りにする。じゃがいもは皮をむき、4等分にする。鍋にごま油とニンニク、ねぎ、しょうがを入れ、香りが出たらじゃがいもを炒める。表面が透き通ってきたら、コチュジャンを入れて炒め、つみれだんごを入れる。
❷全体に色がついてきたら、Aを入れて、落としぶたをし、強めの中火で25分煮る。
❸火を止める直前に3cmに切った青ねぎを入れる。

酢豚をつみれでアレンジ
チャイニーズつみれ

●材料(4人分)
- つみれだんご …………… 10個
- 玉ねぎ …………………… 小1個
- にんじん ………………… ½本
- ピーマン ………………… 1個
- パプリカ ………………… ½個
- ニンニク ………………… 1かけ
- 赤唐辛子 ………………… 1本
- A
  - 酒 ………………… 大さじ1
  - 鶏ガラスープ …… 150cc
  - 塩、こしょう …… 各適量
  - 酢 ………………… 大さじ1
  - 醤油 ……………… 大さじ1
  - みりん …………… 大さじ1
  - ケチャップ ……… 大さじ1
- 水溶き片栗粉 ……… 小さじ2
- サラダ油(またはごま油) …… 適量

●作り方
1. ニンニクは薄切りに、玉ねぎ、にんじん、ピーマン、パプリカは乱切りにする。
2. 中華鍋にサラダ油(またはごま油)を入れ、ニンニク、種を取り除いた赤唐辛子を入れて火にかけ、香りが出たら、①の野菜を炒める。
3. ②につみれだんごとAを入れて煮立たせ、水溶き片栗粉でとろみをつけて完成。

疲れた胃と体にはこれが一番!
つみれにゅうめん

●材料(1人分)
- つみれだんご …………… 6個
- 昆布だし(またはつみれのゆで汁) …………………… 500cc
- 酒 …………………… 大さじ1
- しいたけ ………………… 1枚
- みりん ……………… 大さじ1
- 薄口醤油 …………… 大さじ1½
- 塩 ……………………… 少々
- そうめん ………………… 1束
- あさつき(小口切り) …… 適量

●作り方
1. そうめんはかためにゆでておく。
2. しいたけは薄切りにする。
3. 鍋に②とだし、酒を入れて沸騰したら、つみれだんごを入れて煮る。
4. 味が出てきたら、みりん、薄口醤油、塩で味を調える。器にそうめん、③を入れて、あさつきをちらす。

食べごたえ満点
野菜ゴロゴロつみれカレー

●材料(2人分)
- つみれだんご …………… 12個
- ニンニク ………………… 1かけ
- しょうが ………………… 少々
- 玉ねぎ …………………… 1個
- にんじん ………………… 1本
- じゃがいも ……………… 3個
- つみれのゆで汁またはだし …………………… 600cc
- 好みのカレールー ……… 適量
- サラダ油 ………… 大さじ1強
- 塩 ………………………… 少々

●作り方
1. 玉ねぎは櫛形に、にんじんは乱切り、じゃがいもは皮をむいて4等分に切る。
2. 厚手の鍋にサラダ油を入れ、ニンニクとしょうがのみじん切りを入れて熱し、香りが出たら、玉ねぎ、にんじん、じゃがいもを入れて炒める。全体に油が回ったら弱火にしてふたをする。
3. 5分ほどしたらゆで汁を加え、塩を入れて、20分ほど煮る。じゃがいもがやわらかくなってきたら、つみれだんごを入れてさらに10分煮て、ルーを溶かす。

つみれ

トマトソースをたっぷり絡めて
つみれスパゲッティ

体が芯から温まる
ごぼうとつみれの鍋

●材料(2人分)
つみれだんご ……………8個
ニンニク ………………1かけ
トマトソース …………400cc
白ワイン(なければ酒)
　………………………50cc
スパゲッティ …………180g
赤唐辛子…………………1本
オリーブオイル ……大さじ1
こしょう ………………適量

●作り方
❶ニンニクは薄切りにする。
❷フライパンにオリーブオイルを入れて熱し、ニンニク、種を取り除いた赤唐辛子を入れ、香りが出たらつみれだんごを加えて炒める。
❸②に白ワイン(なければ酒)をかけ、トマトソースを入れてかき混ぜる。
❹塩(分量外)を入れて湯でスパゲッティをゆでる。
❺表示時間の1分前に③のフライパンにスパゲッティを移す。ゆで汁で塩分調整しながら、フライパンを揺すって絡め、こしょうをふる。
※粉チーズをかけてもよい。

●材料(4人分)
つみれだんご ………… 15個
ごぼう……………………1本
ねぎ………………………1本
春菊………………………1束
木綿豆腐………………小1丁
しいたけ…………………4枚
その他好みの野菜 …… 適量
昆布だし……………… 600cc
酒………………………50cc

●作り方
土鍋にだしと酒をはって火にかけ、材料を入れていく。
※ポン酢醤油やごまだれなどで食べる。

さば教室

さばの三枚おろし

新鮮なさばの特徴は、身がかたく、張りがあり、光っていること。目が澄んで、エラが赤く鮮やかであることに注目してください。また、腹がやわらかいものは鮮度が落ちているので要注意です。

さばの三枚おろし

エラと内臓を取り出し、頭を切り落とす（P6〜の基本のさばき方教室の1〜9参照）。

1 腹にすじを入れる

肛門から尾まで、包丁ですじをつけるように切り目を入れる。刃を入れる深さは2mm程度。

2 中心の中骨まで包丁を入れる

包丁を中心の中骨にあたるまで入れ、❶でつけたすじに沿って身をはがすように動かす。刃先は身の中骨にごりごりとあたる程度にやや傾けると、骨に身が残らずさばける。

3 背にすじを入れる

尾から頭のほうにむかって、包丁ですじをつけるように切り目を入れる。深さは2mm程度。

4 中心の中骨まで包丁を入れる

包丁を中心の中骨にあたるまで入れ、❸でつけたすじに沿って動かす。刃先は身の中骨にごりごりとあたる程度にやや傾けると、骨に身が残らずさばける。

5 尾にむかって包丁を入れる

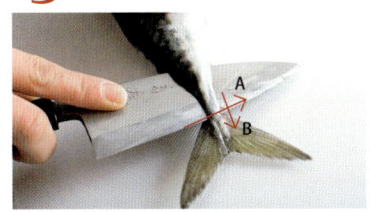

A→Bの順に包丁を入れて、尾を切り離す。

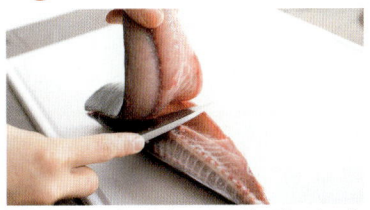

6 2枚におろす

尾から頭のほうへむかって、刃先でトントンと中骨をたたいていく感じで包丁を入れる。

二枚おろし完成！

次はBのほうをさばきます。

7 背のほうからさばく

頭から尾のほうにむかって、包丁ですじをつけるように浅く切り目を入れる。すじに沿って中心の中骨まで刃を入れて、身をはがすように動かす。

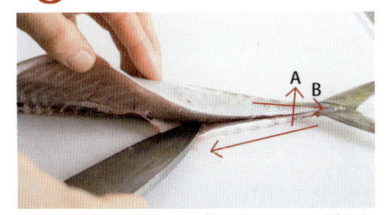

8 腹側をさばく

❺と同じく尾にむかって包丁を入れる。尾から頭のほうにむかって、包丁ですじをつけるように浅く切り目を入れる。すじに沿って中心の中骨まで刃を入れて、身をはがすように動かす。

9 3枚におろす

尾から頭のほうへむかって、刃先でトントンと中骨をたたいていく感じで包丁を入れる。

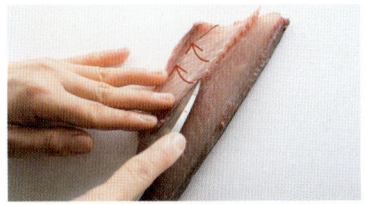

10 腹骨をすき取る

腹骨を刃ですくい取るようにしてすき取る。残りの半身の腹骨も同様にすき取る。骨抜きで骨を抜いて完成（P10参照）。

さば 生

お刺身 切りかけづくり

1 頭を左にして置く。包丁の刃を皮と身の間に入れ、手で皮をおさえながら包丁を尾のほうへ進め、身をはいでいく。

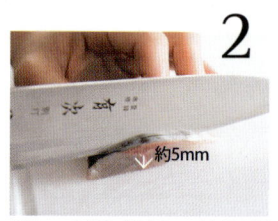

2 幅3mmの所に深さ5mmほどの切り込みを入れる。

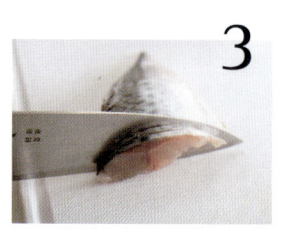

約5mm

3 ❷の切り込みから、さらに3mmのところを切り落とす。これを1尾分作る。

4 ❸のお刺身を数枚横にし、深さ5mmの切り込みを縦に2カ所入れる。
※刺身は刺身用のさば以外は不可。
※醤油のほかに、ごま油醤油でも美味しい。

家で手作りできます
しめさば

●材料(4人分)
さば……1尾(3枚におろしたもの)
塩……………………適量
酢……………………適量
水……………………適量

●作り方
❶さばの両面にたっぷりの塩をふり(写真1)、ざるの上に30～40分おく。

❷酢水で洗い流してよくふき(写真2)、さらに新しい酢をかけて10分おき(写真3)、ひっくり返してさらに10分おき、切りかけづくりなどにしてできあがり。

しめさばをさっと焼くだけ
焼きしめさば

●材料
しめさば……………適量

●作り方
❶残ったしめさばを食べやすく切り、グリルで焼く。
※フライパンで焼いてもよい。

焼く

さばの塩焼き
旬の時季は、シンプルな食べ方が一番！

●材料(2人分)
さば…半身(3枚におろしたもの)
塩……………………適量

●作り方
❶さばは身を2〜3等分に切り、背のほうに十字に切り目を入れて塩をふり、冷蔵庫で30分程度おいておく。
❷水分が出たらぬぐい、さらに塩を軽くふってグリルで6〜7分ほど焼く(大きさによるので注意)。
※大根おろしなどを添えて。

さばのトマトチーズ焼き
チーズがさばのくせを和らげます

●材料(2〜4人分)
さば…半身(3枚におろしたもの)
トマト………………………1個
スライスチーズ…………4枚
ニンニク…………………1かけ
オリーブオイル……大さじ1
小麦粉………………………適量
塩、こしょう………各適量

●作り方
❶さばはひと口大にそぎ切りにする。軽く塩、こしょうをふり、小麦粉をはたく。
❷フライパンにオリーブオイル、芯を取ってつぶしたニンニクを入れて火にかけ、香りが出たら、さばを皮目から焼く。
❸②を裏返し、スライスしたトマトとスライスチーズをのせて、ふたをして弱めの中火で3〜4分、チーズが溶けるまで焼く。

さば 焼く

玉ねぎたっぷりが美味しさのひけつ
マスタードホイル焼き

●材料(4人分)
- さば……半身(3枚におろしたもの)
- 玉ねぎ……………………½個
- レモン(薄切り)……………4枚
- 酒……………………………適量
- 塩……………………………適量
- A
  - 醤油………………大さじ1
  - 粒マスタード……大さじ1
  - マヨネーズ………大さじ1

●作り方
1. さばを3〜4等分に切り、軽く塩をふっておく。水分が出たらさっと酒をふる。
2. 玉ねぎは薄切りにしておく。
3. アルミホイルに②、レモンを敷き、軽く塩をふって、①をのせて、Aをかける。
4. アルミホイルでくるみ、グリルまたはオーブントースターで8〜10ほど分焼く。

フレッシュな野菜といっしょに！
焼きさばのサラダ

●材料(4人分)
- さば……半身(3枚におろしたもの)
- A
  - 塩、こしょう………適量
  - オリーブオイル……大さじ½
  - タイム(あれば)……少々
- 赤玉ねぎ……………………½個
- パプリカ……………………1個
- マッシュルーム……………3個
- レタス………………………2枚
  (野菜は好みのものでよい)
- B
  - 砂糖………………小さじ½
  - 醤油………………大さじ2
  - ゆずこしょう……小さじ½
  - レモン汁…………大さじ2
  - オリーブオイル…大さじ3

●作り方
1. さばはひと口大に切って、Aにつけておく。
2. ①を皮目からかりっとするまでフライパンで5〜6分焼く。
3. 玉ねぎやマッシュルームは薄くスライスして、パプリカ、レタスは食べやすい大きさに切る。春菊は葉だけを使う。
4. 器に③を盛り、②を上にのせて、Bを混ぜ合わせたドレッシングをかける。

※好みの野菜を入れてもよい。
※焼きしめさば(P42参照)を使ってもよい。

インド料理をアレンジして
タンドリーさば

●材料(4人分)
さば…半身(3枚におろしたもの)
塩……………………小さじ1
レモン汁………………大さじ1
A ┌ ニンニク(すりおろし)
　│　…………………1かけ
　│ しょうが(すりおろし)
　│　…………………1かけ
　│ ケチャップ
　│　………………大さじ1½
　│ 塩……………小さじ½
　│ 醤油…………小さじ1
　│ カレー粉……大さじ1½
　│ マスタード…大さじ½
　└ プレーンヨーグルト
　　　………………150g

●作り方
❶さばはひと口大に切り、塩とレモン汁を全体にまぶし、15分ほどおいた後、Aを混ぜたものといっしょに、密閉できる袋に入れて、ひと晩ほどつけこむ。
❷200℃のオーブンで約15～20分、焦げ目がつくまで焼く。
※アルミホイルをしわしわに丸めて広げたものの上にのせて焼くと、余分な脂分が落ちやすい。

ビールが恋しくなる
さばのニンニク焼き

●材料(2人分)
さば…半身(3枚におろしたもの)
塩……………………適量
A ┌ ニンニク(すりおろし)
　│　…………………大さじ1
　│ 醤油……………大さじ2
　└ ごま油…………小さじ1
酒……………………大さじ5

●作り方
❶さばは強めに塩をふって30分ほどおき、酒をくぐらせる。
❷さばの表面に斜めに5本切り目を入れ、その切り目にAを混ぜたものを挟む。
❸220℃に温めたオーブン、またはグリルで13分ほど焼く。

さば 煮る

煮る

煮魚って、実は簡単！
簡単味噌煮

●材料(2人分)
さば…半身(2枚におろしたもの)
A ┌ しょうがの皮 …… 適量
　│ ねぎ(青い部分)…… 2本分
　│ 水 …………………… 2カップ
　│ 酒 …………………… 50cc
　└ 砂糖 ………………… 大さじ2
味噌 …………… 大さじ2〜3
酢 ………………………… 少々

●作り方
❶さばはふたつに切り、皮目に包丁で斜めに十文字の切り目を入れる。
❷①を沸騰させた湯にさっと通して、氷水で洗う。
❸鍋にAを入れて煮たててから、②の皮目を上にして入れる。アクを引きながら、落としぶた(なければオーブンペーパー)をして、中火で15分ほど煮込む。
❹さばに火が通ったら、味噌を溶き入れる。さらに弱火で2〜3分煮たら、酢を入れて1分たったら火を止める。
※味噌の塩分によって味噌の量は加減してください。
※水分が多い場合は一度さばを取り出して煮汁を煮つめるとよい。

こっくりした味わい
さばの韓国風煮物

●材料(4人分)
さば…半身(3枚におろしたもの)
大根 ………………………… 1/3本
しいたけ …………………… 4枚
ねぎ ………………………… 1本
ニンニク …………………… 1かけ
しょうが …………………… 1かけ
コチュジャン …… 大さじ1½
水(または昆布だし)……… 100cc
ごま油 ……………… 大さじ2
酒 …………………………… 50cc
醤油 ………… 大さじ1½〜2
砂糖 ……… 小さじ2〜大さじ1

●作り方
❶さばはひと口大に切り、軽く塩をふっておく。大根は皮をむいて乱切りに。ねぎ、ニンニク、しょうがはみじん切りにする。しいたけは2〜4等分に切る。
❷鍋に水と大根を入れ、5分ほど下ゆでをしてすくう。残った湯を沸騰させて、さばをさっと通す。
❸鍋にごま油とねぎ、ニンニク、しょうがを入れて熱し、香りが出たら、しいたけ、大根を入れて炒める。そこへコチュジャン、砂糖を入れて炒め、醤油、水(または昆布だし)、酒を入れる。
❹全体が混ざったら、②のさばを入れ、落としぶたをし、中火で25分煮る。最後に醤油(分量外)で味の調整をする。

まろやかな味わい
マスタード煮

●材料(4人分)
さば…半身(3枚におろしたもの)
塩、こしょう………… 各適量
ニンニク ……………… 1かけ
玉ねぎ………………… ½個
マッシュルーム ………… 4個
オリーブオイル …… 大さじ1
A ┌ 牛乳………… 300cc
  │ レモン汁……… 大さじ2
  │ 粒マスタード …… 大さじ3
  │ 塩………… 小さじ½
  └ ウスターソース … 大さじ1

●作り方
❶さばをひと口大に切り、塩、こしょうをふって少しおいておく。
❷ニンニク、玉ねぎ、マッシュルームはスライスしておく
❸鍋にオリーブオイルを入れ、②を炒める。
❹③に①を入れてさらに炒め、Aを入れて中火で15分煮る。最後に塩味を調整する。

タルタルソースが味を引きしめる
さばの酒煮タルタルソースがけ

●材料(4人分)
さば ……1尾(3枚におろしたもの)
酒……………………… 大さじ3
塩、こしょう………… 各適量
レモン汁……………… 適量
片栗粉………………… 適量
タルタルソース
ゆで卵………………………1個
A ┌ 玉ねぎ(みじん切り)
  │ ……………… 大さじ2
  │ パセリ(みじん切り)
  │ ……………… 適量
  │ マヨネーズ …… 大さじ3
  │ マスタード …… 小さじ1
  │ 塩、こしょう… 各小さじ½
  │ レモン汁 …… 大さじ1
  ┌ 醤油………… 小さじ1
  └ 砂糖……… ひとつまみ

●作り方
❶さばをそぎ切りにし、塩とレモン汁をふりかけてしばらくおく。
❷①の水気をふき、こしょう、片栗粉をまぶす。
❸鍋に湯を沸かし、酒、しぼった後のレモンの皮を入れ、②を入れる。
❹火が通るまで中火で4〜5分ほどゆでる。
❺タルタルソースを作る。ゆで卵を刻み、Aを混ぜる。
❻④に⑤をかける。

さばが優しくふんわり仕上がります
昆布巻き

●材料(10個分)
さば ……………………… 半身
(約100g。3枚におろしたもの)
早煮昆布……… 長いもの2枚
A ┌ 水……… 300〜400cc
  │ (ひたひたより少し上くらい)
  │ 酒…………… 50cc
  │ 砂糖………… 大さじ1
  │ 醤油………… 大さじ3
  └ みりん……… 大さじ2

●作り方
❶さばを長さ約5cm、太さ約2cmに切る。
❷さっと水で戻した昆布で①を巻く。4〜5回巻いたら昆布を切り、巻き終わりを下にして鍋に並べる(つまようじをさしてもよい)。
❸鍋に②とAを入れて落としぶたをし、約30〜40分煮る。昆布がやわらかくなり、味がしみたら火を止める。
※梅干しの種を入れて煮ると日持ちします。

さば 揚げる

揚げる

まろやかな味わい、そしてヘルシー
豆腐入りさばだんご

●材料(4人分)
さば…半身(3枚におろしたもの)
玉ねぎ……………… ½個
にんじん…………… ¼本
ごぼう……………… ½本
しょうが…………… 1かけ
木綿豆腐…………… 約50g
卵…………………… 1個
塩…………………… 適量
酒………………… 小さじ2
味噌……………… 大さじ1½
小麦粉…………… 大さじ2〜3
揚げ油……………… 適量

●作り方
❶さばはスプーンで皮から身をこそげ取り、包丁でたたく(フードプロセッサーにかけてもよい)。
❷玉ねぎ、にんじん、ごぼうは粗く刻み、しょうがはせん切りにする。豆腐は水気を切っておく。
❸ボウルに材料をすべて入れてよく混ぜる。
❹170℃に油を熱し、スプーンで落としながら全体がきつね色になるまで5〜6分揚げる。

こってり、だけどさっぱりも味わえる
さばの野菜あんかけ

●材料(4人分)
さば…1尾(3枚におろしたもの)
ニンニク…………… 1かけ
玉ねぎ……………… 1個
ピーマン…………… 1個
パプリカ…………… 1個
プチトマト………… 10個
小麦粉……………… 適量
A ┌酒……………… 大さじ3
　├醤油…………… 大さじ2
　└おろししょうが…大さじ1
B ┌酒……………… 大さじ2
　├黒酢…………… 大さじ1
　├醤油…………… 大さじ1
　├オイスターソース
　│　　　　　　…大さじ1
　└みりん………… 大さじ1
水溶き片栗粉……… 適量
こしょう…………… 適量
揚げ油……………… 適量

●作り方
❶さばは、身のほうに格子に切り目を入れ、Aに浸しておく。ニンニクをつぶし、玉ねぎ、ピーマン、パプリカは乱切りに。プチトマトはへたをとっておく。
❷①のさばの水分を切り、小麦粉をまぶして、170℃の油でこんがりと揚げ、大きめの器に盛る。
❸油(分量外)を熱したフライパンにニンニクを入れ、香りが出たら①の野菜を炒め、Bを入れて3分ほど煮る。水分が足りなければ少し水かだしを加える。水溶き片栗粉でとろみをつけて、②にかけ、こしょうをふる。

定番！やっぱり美味しい
ふわっ、かりっの竜田揚げ

●材料(4人分)
さば…半身(3枚におろしたもの)
塩……………………少々
片栗粉………………適量
A ┌ 酒………………大さじ2
　├ 醤油……………大さじ1
　├ おろししょうが
　│　(好みでニンニクでもよい)
　└ ………………小さじ1
揚げ油………………適量

●作り方
❶さばはひと口大にそぎ切りにして軽く塩をふる。
❷バットに水気をふいた①を並べ、Aをかけて15分以上おく。
❸②の水分を切ってよくふき、片栗粉の入ったビニール袋に入れて、全体に粉がつくようにふる。
❹180℃に熱した油でかりっと揚げる。

らっきょうの甘みと風味が口に広がる
揚げさばらっきょうソースがけ

●材料(4人分)
さば…半身(3枚におろしたもの)
塩、こしょう………各適量
小麦粉………………小さじ2
片栗粉………………小さじ2
揚げ油………………適量
らっきょう甘酢漬け……8個
A ┌ 塩………………適量
　├ 醤油……………大さじ1
　├ 酢………………大さじ2
　├ オリーブオイル
　│　………………大さじ1
　└ 砂糖……………小さじ1

●作り方
❶さばはひと口大にそぎ切りにして塩、こしょうをふる。
❷水分が出たらぬぐい、小麦粉、片栗粉を入れたビニール袋に入れて、全体に粉がつくようにふる。
❸180℃に熱した油でかりっと揚げる。
❹らっきょうの甘酢漬けをみじん切りにし、Aを混ぜてドレッシングをつくる。③にかけてできあがり。
※盛りつけに、青みのものを加えるとよい。

さば 揚げる

その他

揚げさばをたっぷりの大根おろしで煮る
みぞれ揚げ煮

●材料（2～4人分）
さば…半身(3枚におろしたもの)
塩……………………… 適量
大根(おろしたもの)
　　　　　　　　6cm分(230g)
片栗粉………………… 適量
揚げ油………………… 適量
だし…………………… 350cc
A ┌ 塩…………………… 適量
　├ 醤油………………… 大さじ2
　└ みりん……………… 大さじ1

●作り方
❶さばはそぎ切りにして、軽く塩をふる。
❷①に片栗粉をまぶして170～180℃の油で4～5分揚げる。
❸鍋にだしとAを入れて煮立たせ、大根おろしを加え、②のさばを入れて中火で1分ほど煮る。
※だしをあら汁にしてもよい（あら汁の作り方はP12を参照）。

フランスパンとの相性抜群！
トルコ風さばサンド

●材料（2人分）
さば…半身(3枚におろしたもの)
フランスパン ………… ¼本
玉ねぎ………………… ½個
好みの野菜(トマトやレタスなど)
………………………… 適量
塩、こしょう………… 各適量
オリーブオイル ……… 適量
ニンニク……………… 1かけ
A ┌ マヨネーズ …… 大さじ1
　├ マスタード(またはからし)
　└ ……………… 大さじ1
小麦粉………………… 適量

●作り方
❶さばはそぎ切りにし、塩、こしょうをして小麦粉を薄くまぶす。
❷フライパンにオリーブオイルを熱し、ニンニクをつぶし入れて香りを出し、①を中火で4～5分、両面を焼く。
❸フランスパンを縦半分に切り、切り口にAをあわせたものを塗る。
❹②とスライスした玉ねぎ、好みの野菜を挟み、好みでレモンをしぼる。

さんま教室

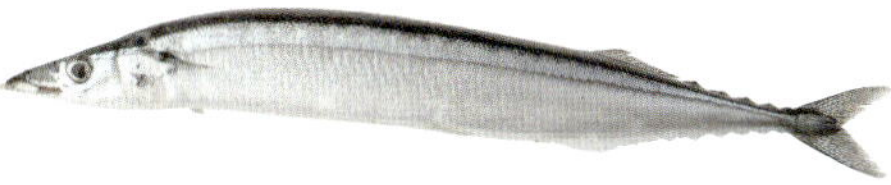

さんまの大名おろし

大名おろしとは、骨に身がたくさん残ってしまう贅沢なおろし方です。ただし、P6～P10で紹介している基本のさばき方に比べて手順が簡単です。

1 腹に切り目を入れる

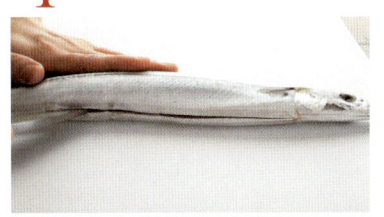

魚を洗い、よく水気を切る。頭の下から肛門まで包丁を入れる。刃先を入れる深さは1cm程度。

2 内臓を取り出す

刃先で内臓をかき出す。腹の中をよく洗い水気をふき取る。水を使うのはここまで。

3 頭を落とす

胸ビレの下から斜め（胸ビレと頭の付け根を結ぶライン）に包丁を当て、中骨にあたるまで刃を入れる。

裏に返して、同じように胸ビレの下から斜めに包丁を当て（表で入れた包丁と同じラインになるように）、頭を一気に落とす。

4 上身を中骨からはがす

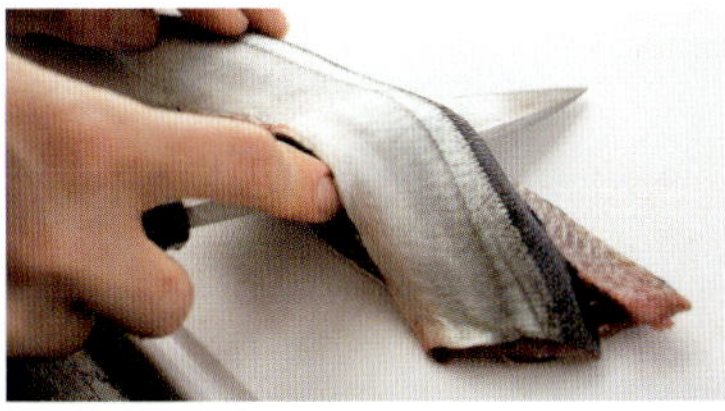

尾を左、腹を手前にして、頭のほうから中骨の上に包丁を入れ、尾まで動かす。

二枚おろし完成！

5 中骨と身をはがす

中骨のついた身を、尾は左、背は手前にして置き、頭のほうから中骨の上に包丁を入れ、尾まで動かす。

6 腹骨をすき取る

刃ですくい取るようにして腹骨をすき取る。

残りの半身も同様にして腹骨をすき取る。

三枚おろし完成！

さんまのブツ切り

内臓を取り、筒形に切る。煮物などに適した切り方。

さんま 生

生

さんまのお刺身 バチ切り

1 3枚におろしたものを、頭のほうから指で皮をはいでいく。

頭 → 尾

2 イラストを参照して、三味線のバチの形のように包丁を入れる。包丁は手前に引いて切る。

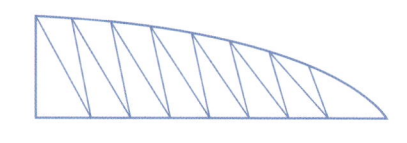

マリネにすれば2〜3日保存できます！
さんまのマリネサラダ

●材料(4人分)
さんま … 1尾(3枚におろしたもの)
塩……………………………… 少々
玉ねぎ………………………… ½個
レモン………………………… ½個
パセリの軸(あれば) ……3本分
米酢(またはりんご酢)
 ……………………… 大さじ3
オリーブオイル …… 大さじ1
好みの野菜…………… 適量

●作り方
❶さんまに軽く塩をふり、薄い輪切りにした玉ねぎ、レモン、あればパセリの軸を重ね、上から米酢(またはりんご酢)とオリーブオイルをかける。20分以上おく。玉ねぎ、レモン、パセリの軸は取りのぞく。
❷①のさんまの骨を抜いて皮をはぎ、スライスして、好みの野菜と和える。

甘酸っぱさが食欲増進
さっと酢じめ

●材料(4人分)
さんま … 1尾(3枚におろしたもの)
塩……………………… 少々
A ┌ 酢 ……………… 100cc
  │ 砂糖………… 小さじ2
  └ しょうが汁 …… 小さじ1

●作り方
❶さんまは塩をふって10分おく。さっと洗い、水分をふき取ってAにつける。
❷皮をはいで食べやすい大きさに切る。

さんま｜焼く

焼く

油を使わずフライパンで焼く！
さんまの塩焼き

●材料(1人分)
さんま……………………1尾
塩……………………… 適量

●作り方
❶さんまはうろこを包丁で軽くこそげ取る。新鮮なものなら、ワタは取らなくてもよい。水洗いをしてよくふく。
❷軽く塩をふり、10分ほどおいた後、水気をふき取る。
❸さんまの表裏にさらに塩をふり、よく熱しておいたフッ素樹脂加工(テフロン)のフライパンで表になる面から焼く。フライパンに入らないようなら、焼く直前に半分に切ってもよい。水分が出るので直前に切ること。
❹中火で6分くらいかけて焼き、表面に焼き色がついたら、裏返して中まで火を通す。
※大根おろしにみょうがの細切り、かぼすなど添えると美味しい。
※グリルで焼いてもよい。

ジューシーなさんまと照り焼きソースの相性抜群
さんまのかば焼き丼

●材料(1人分)
さんま … 1尾(3枚におろしたもの)
塩………………………… 適量
A ┃ 酒………………… 大さじ1
　┃ 醤油……………… 大さじ2
　┃ みりん…………… 大さじ2
　┃ (あれば)バルサミコ酢か
　┃ 黒酢……………… 2〜3滴
小麦粉…………………… 適量
サラダ油………………… 適量

●作り方
❶さんまを半分の長さに切って、軽く塩をふっておく。
❷10分ほどして水分が出たらふいて、小麦粉をまぶして油で皮目から中火で3〜4分焼く。
❸皮に焼き目がついたら裏返し、1分ほどたったら、Aを加えて煮詰める。
❹照りが出てきたら火を止める。ご飯にのせて完成。
※大葉のせん切りなどを添えるとよい。

冷めても美味しい
キムチ炒め

●材料(2人分)
さんま	1尾(3枚におろしたもの)
塩	適量
ねぎ	½本
キムチ	70g
ごま油	大さじ1
酒	大さじ1
醤油	大さじ½
小麦粉	適量

●作り方
❶さんまを4cmくらいの長さに切り、塩をふってしばらくおく。ねぎは斜め切りにする。
❷①のさんまは水分が出たらふき取り、小麦粉をまぶして、ごま油を熱したフライパンで中火で5分、両面を焼く。ねぎ、ざく切りにしたキムチも入れて炒める。
❸最後に酒、醤油を入れ、水分がとんだらできあがり。

さっぱり食べたいときは
マリネ焼き

●材料(2人分)
さんま	1尾(3枚におろしたもの)
塩	小さじ⅓
レモン汁	大さじ1
オリーブオイル	大さじ1
ローズマリー(乾燥)	適量

●作り方
❶食べやすい大きさに切ったさんまに、塩、レモン汁、オリーブオイル、ローズマリーをふりかけて10分以上おいておく。
❷①をグリルで5分ほど焼く。
※小麦粉をまぶしてフライパンで焼いてもよい。

ほかほかご飯とぴったり合う
焼き漬けゆずこしょう風味

●材料(4人分)
さんま		2尾(頭と内臓を取ったもの)
A	酒	大さじ2
	醤油	小さじ2
	おろししょうが	小さじ1
B	だし(または水)	50cc
	ポン酢醤油	50cc
	ゆずこしょう	小さじ½
	ごま油	大さじ2
片栗粉		適量
サラダ油		大さじ3

●作り方
❶さんまの水気をしっかりふいて、4cm程度のぶつ切りにする。Aにつけて10分ほどおく。
❷①の水気を切り、片栗粉を入れたビニール袋に入れてふる。
❸粉が薄くついたら袋の中で余分な粉をはたき、油を熱したフライパンに入れる。中火で焼き始め、焼き色がついたら裏返し、さらに弱火で5分ほど焼く。
❹かりっと焼けたら、Bに5分ほどつけ、皿に盛る。

さんま 焼く

きのこの風味をしみこませて
さんまとキノコのホイル焼き

●材料(4包み分)
さんま
　……2尾(頭と内臓を取ったもの)
キノコ(しめじ、えのき、しいたけなど)
　……………… あわせて200g
ねぎ……………………… 1本
A ┌ 醤油………………… 大さじ2
　├ みりん……………… 大さじ2
　└ ゆずの皮(せん切り)
　　………………………… 適量
B ┌ 酒…………………… 大さじ1
　└ 醤油………………… 小さじ1

●作り方
❶さんまは水気をしっかりとふき取り、3cmのぶつ切りにしてAに5分ほどつける。
❷キノコはいしづきをとり、食べやすい大きさに切ってBをまぶしておく。ねぎは斜め切りにする。
❸4枚のアルミホイルに②を等分に敷き、上に①をのせて包み、グリルかオーブントースターで12～15ほど分焼く。
※ポン酢醤油や、ゆずをしぼって食べても美味しい。

1尾丸ごと、どど～んと食卓へ
丸ごとさんまのトマトソースがけ

●材料(4人分)
さんま…… 4尾(内臓を取ったもの)
塩………………………… 大さじ1
ニンニク………………… 1かけ
オリーブオイル ……… 大さじ3
赤唐辛子………………… 1本
小麦粉…………………… 適量
トマトソース
玉ねぎ…………………… ½個
トマト…………………… 4個
白ワイン……………… 大さじ2
砂糖…………………… ひとつまみ
塩………………………… 適量
醤油…………………… 小さじ½

●作り方
❶さんまは塩をふり、しばらくおいて水分が出たらふき取り、もう一度軽く塩をふって小麦粉をまぶす。
❷フライパンにオリーブオイル、つぶしたニンニク、種を取り除いた赤唐辛子を入れて熱し、香りが出たら①を中火で8分、両面を焼いて取り出す。
❸トマトソースを作る。②のフライパンの余分な油を取り、みじん切りにした玉ねぎを炒める。さらにざく切りにしたトマト、白ワイン、砂糖、塩を入れて中火で15分煮る。最後に醤油で味を調える。
❹器に②を盛り、③のトマトソースをかけて完成。

煮る

白いご飯にピッタリ
さんまとねぎの煮物

●材料(2人分)

さんま
　……2尾(頭と内臓を取ったもの)
ねぎ……………………1本
しょうが………………1かけ
A ┌ 水……………100cc
　├ 酒……………大さじ3
　├ 醤油…………大さじ3
　└ みりん………大さじ2

●作り方

❶さんまは、きれいに水気をふき取り、3cmに切っておく。
❷ねぎは4cmのぶつ切りに、しょうがは薄切りする。
❸Aを煮立たせ、①のさんまと②を入れ、落としぶたをして中火で10分ほど煮る。
※揚げなすをいっしょに煮ても美味しい。

さっぱりした味つけ
イタリア風お酢煮

●材料(2人分)

さんま
　……2尾(頭と内臓を取ったもの)
玉ねぎ…………………½個
にんじん………………½本
セロリ…………………1本
ニンニク………………1かけ
トマト…………………大1個
ワインビネガー(白または赤)
　………………………100cc
砂糖……………………大さじ1
水………………………50cc
オリーブオイル…大さじ1½
塩………………………少々
赤唐辛子………………1本
ローリエ………………1枚

●作り方

❶さんまは、きれいに水気をふき取って、3cmの長さに切り、塩、こしょうをふる。
❷玉ねぎ、にんじん、セロリ、ニンニクを薄切りにして厚手の鍋に入れ、①を並べる。
❸ざく切りにしたトマト、ワインビネガー、砂糖、水、オリーブオイル、塩少々を入れ、種を取り除いた赤唐辛子、ローリエをのせ、ふたをして、弱火で25分煮る。

さんま 煮る

しっかり味つけしたほうが美味しい
梅入り佃煮

●材料(4人分)

さんま……2尾(頭と内臓を取ったもの)
酢……大さじ1
A ┌ 梅干し……大2個
　├ 水……300cc
　├ 酒……50cc
　├ 醤油……大さじ2
　└ みりん……大さじ2

●作り方

❶さんまは、きれいに水気をふき取って3cmのぶつ切りにする。
❷鍋にさんまと、さんまがかぶるほどの水を入れて、酢も加え5分ほどゆでて、ざるにあげる。
❸鍋をよく洗い、Aを入れて②を並べ、落としぶたをして弱めの中火で25〜30分煮る。照りが出てきて水分が少し残っているくらいで火を止める。
※冷蔵庫で1週間、保存できる。

お味噌をしっかり身にしみこませる
さんまのピリ辛味噌煮

●材料(4人分)

さんま…3尾(内臓を取ったもの)
しょうが……1かけ
ニンニク……1かけ
赤唐辛子……2本
酢……大さじ1
煮汁
A ┌ 水……200cc
　├ 酒……100cc
　├ 砂糖……大さじ2
　├ 醤油……大さじ2
　├ 味噌……大さじ3
　└ みりん……大さじ3〜4

●作り方

❶さんまをぶつ切りにして、酢を入れた湯で一度沸騰させた湯にさっとくぐらせる。
❷しょうがはせん切り、ニンニクはみじん切りにする。赤唐辛子は種を取って刻んでおく。
❸鍋にさんまを並べて、しょうが、ニンニク、赤唐辛子とAを入れ、落としぶたをして弱めの中火で煮る。
❹煮汁を回しかけながら、煮汁が少なくなるまで煮る。
※③で梅干しの種も入れておくと少しあっさりするし、日持ちもよい。
※ごぼう、れんこんなどの野菜を加えてもよい。

揚げる

大葉と梅肉でさっぱり
さんまのしそ巻きロールフライ

●材料(8個分)
さんま … 2尾(3枚におろしたもの)
A ┌ 酒 ……………… 大さじ1
　└ 醤油 …………… 大さじ1
大葉 …………………… 4枚
梅肉 …………………… 約大さじ3
小麦粉、卵、パン粉 … 各適量
揚げ油 ………………… 適量

●作り方
❶さんまを半分に切り、Aに浸す。
❷大葉を縦2等分に切る。
❸①の水分をぬぐって梅肉を塗り、②とともに巻く。
❹つまようじをさして、小麦粉、とき卵、パン粉をつけて180℃に熱した油で3分揚げる。

衣はふんわり揚げて
からし揚げ

●材料(4人分)
さんま … 2尾(3枚におろしたもの)
A ┌ 酒 ……………… 大さじ1
　└ 醤油 …………… 大さじ1
B ┌ 水 ……………… 大さじ3
　│ 卵黄 …………… 1個分
　└ 練りからし …… 小さじ1
小麦粉 ………………… ⅓カップ
塩 ……………………… 適量
揚げ油 ………………… 適量

●作り方
❶さんまをひと口大に切り、Aにつける。
❷Bを混ぜ合わせ、さらに小麦粉、塩をふるい入れる。
❸水気を切った①を②にくぐらせて180℃に熱した油で2〜3分揚げる。

はちみつが味をまろやかにする
さんまの、さっぱり揚げマリネ

●材料(4人分)
さんま … 1尾(3枚におろしたもの)
塩、こしょう ………… 各適量
牛乳(あれば) ………… 適量
A ┌ 白ワインビネガー … 50cc
　│ 塩 ………………… 適量
　│ 赤唐辛子(半分に切り種を取ったもの) ……… 1本
　│ 玉ねぎ(薄切り) … ½個分
　└ はちみつ ………… 大さじ1
小麦粉 ………………… 適量
揚げ油 ………………… 適量

●作り方
❶さんまに、塩、こしょうをふり、あれば牛乳に5分浸す。
❷水気をふいた①に小麦粉をまぶし、180℃に熱した油で3〜4分揚げる。
❸②をAにつける。

さんま　その他

その他

さんまゴロゴロ入りスパゲッティ
セロリの歯ごたえがグッド！

さんまの炊き込み混ぜ寿司
お酢を入れて炊き込む簡単お寿司

●材料(2人分)
さんま … 2尾(3枚におろしたもの)
塩、こしょう ………… 各適量
セロリ ………………… ½本
プチトマト …………… 10個
ニンニク ……………… 1かけ
オリーブオイル … 大さじ2
スパゲッティ ………… 180g
赤唐辛子 ……………… 1本
白ワイン(なければ酒) … 大さじ2
小麦粉 ………………… 適量

●作り方
❶さんまを5cmの長さに切り、塩、こしょうをふって、小麦粉をはたく。
❷セロリは斜めにスライスし、プチトマトは半分に切る。ニンニクはみじん切りにする。
❸フライパンにオリーブオイル大さじ1を入れて熱し、①を中火で4〜5分、両面を焼いて取り出す。
❹塩を入れた湯でスパゲッティをゆで始める。
❺フライパンの余分な油をふいて、オリーブオイル大さじ1を足し、ニンニク、種を取り除いた赤唐辛子を入れて熱する。香りが出てきたら、セロリ、プチトマト、③のさんまを入れ、白ワインを注ぎ、フライパンを揺すりながら火を通す。
❻④が表示時間の1分前になったら⑤のフライパンに移す。このとき、ゆで汁も少し入れると絡みがよい。
❼皿に盛って、こしょうをたっぷりふる。

●材料(2人分)
さんま …… 1尾(3枚におろしたもの)
米 …………………… 1合
A ┌ だし昆布(5cm角) … 1枚
　│ 水 …………… 170cc
　│ 酒 …………… 大さじ1
　│ 塩 …………… 小さじ⅔
　└ 酢 …………… 大さじ1⅓
梅干し ……………… 1個
炒りごま …………… 大さじ1
錦糸卵 ……………… 適量
大葉 ………………… 適量

●作り方
❶研いだ米に、さんま、Aを入れ、いっしょに炊き込む。
❷炊きあがったら、だし昆布とさんまの頭を取り除き、身をほぐして混ぜる。
❸細かくたたいた梅干しや、炒りごまを混ぜ、錦糸卵や大葉などを盛る。

魚教室

鯛の三枚おろし

美味しいのは身が分厚く、尾も幅広く、まるまると太っているもの、そして色鮮やかなもの。目の上が青みがかった紫色に輝いているものも新鮮です。

エラと内臓を取り出し、頭を切り落とす（P6～の基本のさばき方教室の1～9参照）。

1 腹にすじを入れる

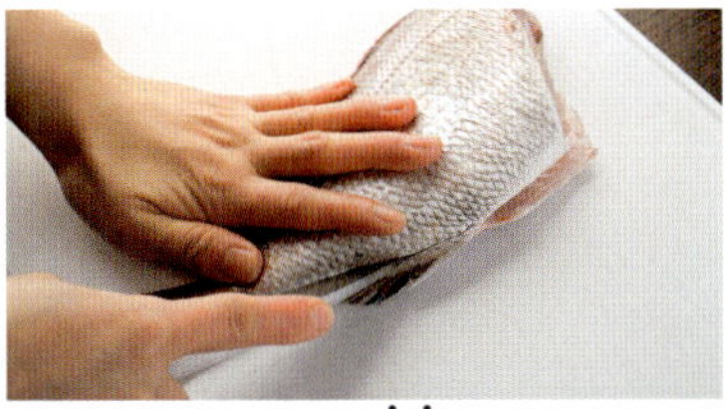

肛門から尾まで、包丁ですじをつけるように切り目を入れていく。刃を入れる深さは2mm程度。

2 中心の中骨まで包丁を入れる

包丁を中心の中骨にあたるまで入れ、身をはがすようにすじに沿って動かす。刃先は身の中骨の上にごりごりとあたる程度にやや傾けると、骨に身が残らずにさばける。

3 背にすじを入れる。

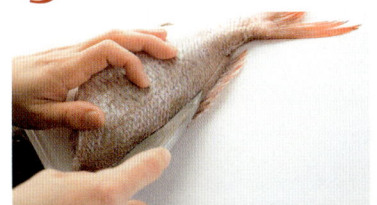

尾から頭のほうにむかって、包丁ですじをつけるように切り目を入れていく。深さは2mm程度。

4 中心の中骨まで包丁を入れる。

包丁を中心の中骨にあたるまで入れ、❸でつけたすじに沿って身をはがすように動かす。刃先は身の中骨にごりごりとあたる程度にやや傾けると、骨に身が残らずにさばける。

5 尾にむかって包丁を入れる

まずAの方向に包丁を入れて、Bの方向（尾のほう）へ包丁をすべらせ切り離す。

6 2枚におろす

尾から頭のほうへむかって、刃先でトントンと中骨をたたいていく感じで包丁を入れ、おろす。

7 背のほうからさばく

頭から尾のほうにむかって、包丁ですじをつけるように浅く切り目を入れてから、今度は中骨まで刃を入れて、すじに沿って身をはぐようにして動かす。

8 腹側をさばく

腹側に、尾から頭のほうにむかって、包丁ですじをつけるように浅く切り目を入れてから、今度は中心の中骨まで刃を入れて、すじに沿って身をはぐようにして動かす。

9 3枚におろす

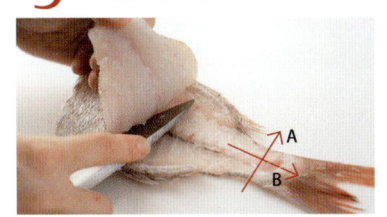

❺と同じように、尾にむかって包丁を入れる。尾から頭のほうへむかって、包丁の刃先でトントンと中骨をたたいていく感じで包丁を入れる。

10 腹骨をすき取る

腹骨を、矢印の方向に刃ですくい取るようにしてすき取る。骨抜きで骨を抜く（P10参照）。

完成！

鯛の三枚おろしの完成。頭はカレー（P73参照）やあら汁（P72参照）にして食べられるので捨てないこと。

鯛 生

生

鯛のお刺身 そぎ切り

1 3枚におろした半身をさらに半分に切る。

2 頭のほうの身と皮の間に包丁を入れて、少し皮をはがす。

3 皮を下にして頭のほうを左にして置き、頭から尾にむかって包丁を動かし、皮と身を離す。

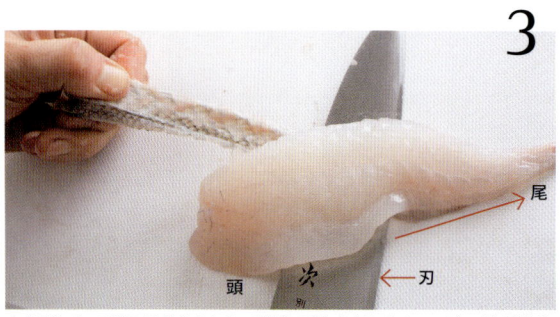

4 皮目を上にして尾を左にして置き、尾のほうから切っていく。包丁はやや寝かせて持ち、左手は身に軽く添えて、斜めに薄くそぐようにして切る。

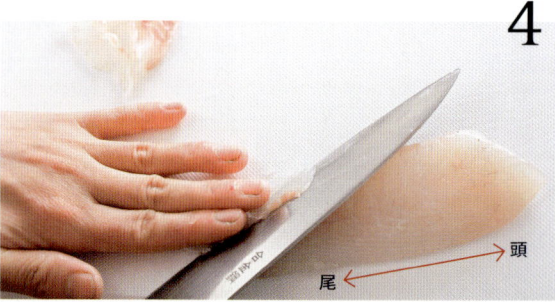

シンプルにさっぱり!!
鯛のカルパッチョ

●材料(2人分)
鯛の刺身 ……………… 12枚
ニンニク ……………… 1かけ
塩 …………………… 適量
粗びきこしょう ……… 少々
レモン汁 ………… 小さじ1
オリーブオイル …… 大さじ1

●作り方
❶ニンニクは薄切りにする。
❷皿に鯛の刺身を並べる。
❸②の上にニンニクと塩、粗びきこしょう、レモン汁、オリーブオイルをかける。
※あればパセリを添える。

昆布のだしが、じわじわしみて美味しくなる
鯛の昆布締め

●材料(2人分)
鯛の刺身 ………………… 9枚
昆布 ……… 30cmのもの2枚
酒 …………………… 少々
塩 …………………… 少々

●作り方
❶刺身にした鯛に軽く塩をふり、酒でふいた昆布(だしを取った後のものでもよい)に並べていく。
❷もう1枚の昆布で挟み(写真1)、冷蔵庫に20~30分おいて完成。

鯛 余ったら

お刺身が あまったら

簡単贅沢鯛めし
お刺身をちょちょっと入れて

●材料(2～4人分)
- 鯛の刺身……………………8枚
- 米………………………………2合
- だし昆布……………………3cm
- 酒………………………………大さじ1
- 塩………………………………小さじ2
- 醤油……………………………大さじ1
- カットわかめ………………適量

●作り方
① 米を研ぎ、酒、塩、醤油を入れて指定の目盛りまで水を入れて、だし昆布、鯛の刺身をのせて炊く(写真1)。
② カットわかめは水で戻しておき、炊きあがったら混ぜる。

鯛茶漬け
鯛のだしがふわっと口に広がる

●材料(1人分)
- 鯛の刺身……………………8枚
- 醤油……………………………小さじ2
- ご飯……………………………茶碗1杯分

●作り方
① 鯛の刺身に醤油をまぶす。
② ご飯に①をのせて、上からお茶かお湯を注ぐ。
※ごま、海苔、ねぎなどをちらして食べる。

蒸す

ふんわり風味豊かに仕上がる
鯛の酒蒸し

●材料(2人分)
鯛……………2切れ(約300g)
　　　　　　(3枚におろしたもの)
酒………………大さじ1⅔cc
だし昆布………………6cm
ねぎ(青い部分)………2本分
塩………………………適量

●作り方
❶皿の上にだし昆布を置き、その上に鯛を置いて酒、塩をふりかけ、ねぎの青い部分をのせて、蒸気のあがった蒸し器で15分蒸す。
※ポン酢醤油やゆずこしょうなどでいただく。
※ゆずの皮などを添えてもよい。

栄養の宝庫 見かけも豪華
鯛のかぶと蒸し

●材料(2人分)
鯛の頭…………………1尾分
だし昆布………………15cm
塩………………………適量
酒………………………大さじ2
しいたけ………………2枚
しめじ………………¼パック
ねぎ……………………½本
しょうが(薄切り)……2枚

●作り方
❶鯛の頭に塩をふって少しおき、熱湯に入れる。白くなってヒレがピンとしたら冷水にとり、うろこを丁寧に取り除き、キッチンペーパーで水気をふき取る。しいたけやしめじはいしづきを取り、ねぎは食べやすい大きさに切る。
❷皿の上に昆布を敷いて鯛の頭を置き、しいたけ、しめじ、ねぎ、しょうがを入れる。
❸②に塩、酒をふりかけたら、蒸気のあがった蒸し器で13〜15分間蒸す。
※小口切りにしたねぎをちらし、レモン、大根おろし、七味、ポン酢醤油を添えてもよい。

鯛 蒸す

中華風味噌・トウチが香る
鯛のトウチ蒸し

ほっこり優しい味に蒸しあがる
鯛と野菜の土鍋蒸し

●材料(2人分)
鯛‥‥‥‥2尾(内臓を取ったもの)
A ┃ 酒‥‥‥‥‥‥‥‥大さじ2
　 ┃ 塩‥‥‥‥‥‥‥‥‥適量
　 ┗ 醤油‥‥‥‥‥‥‥大さじ1
ねぎ‥‥‥‥‥‥‥‥‥‥‥2本
トウチ(刻んだもの)
　‥‥‥‥‥‥‥‥‥大さじ1弱
しょうが‥‥‥‥‥‥‥‥‥少々
ごま油‥‥‥‥‥‥‥‥‥‥適量

●作り方
❶鯛は表面に切り目を入れ、Aで下味をつける。
❷トウチは粗く刻む。しょうがは薄切りに、ねぎの白い部分はみじん切りにする。ねぎの青い部分を皿に敷き、①を並べ、トウチとしょうが、ねぎのみじん切りをちらし、酒少々(分量外)をふる。
❸蒸気のあがった蒸し器で約18分蒸したらねぎの青い部分を取り除き、好みで、熱したごま油を回しかける。

●材料(2人分)
鯛‥‥‥2切れ(3枚におろしたもの)
塩‥‥‥‥‥‥‥‥‥‥‥‥適量
A ┃ 酒‥‥‥‥‥‥‥‥大さじ2
　 ┃ 味噌‥‥‥‥‥‥‥大さじ1
　 ┗ みりん‥‥‥‥‥‥大さじ1
ねぎ(青い部分)‥‥‥‥‥‥適量
白菜、ねぎ、キノコなど
　お好みの野菜‥‥‥‥‥‥適量

●作り方
❶鯛に塩をふって10分ほどおき、水分が出たらふき取る。
❷ざく切りにした野菜を土鍋に並べて塩をふり、その上に鯛をのせる。Aを混ぜて上にかけ、ねぎの青い部分をのせて、ふたをし、中火で20分蒸し煮にする。

おめでたい日のお料理として！
鯛の塩釜焼き

●材料(2人分)
鯛 …………… 1尾(約180g)
　　　　　　　(内臓を取ったもの)
卵白 …………………… 1個分
塩 ……………………… 300g
昆布(薄いもの) ………… 1枚
酒 …………………… 大さじ1
水 …………………… 適量
ローリエ ……………… 適量

●作り方
❶卵白に塩を混ぜて、ペーストを作る。
❷昆布に酒と水をふりかけて戻しておく。
❸鯛に②の昆布を巻く。
❹オーブンの天板に①の3分の1を広げて、その上に③をのせ、さらに残りの①をかぶせて、鯛を覆う(写真1)。好みでローリエをうろこのように塩にさしていく。
❺180℃に温めたオーブンで25分ほど焼く。
❻食べるときは、金づちなどで割る。

※塩の中に、桜の塩漬けを刻み入れると春らしい。また木の芽や、ローズマリーなど好みのハーブを入れてもよい。写真では、ローリエとレーズンで模様を作っています。
※昆布を巻くことで、塩辛くなりすぎなくてすむ。

焼く

鯛｜焼く

シンプルで美味しい
ムニエル

●材料(1人分)
鯛……………… 1切れ(約150g)
(3枚におろしたもの)
オリーブオイル …… 大さじ1
塩、こしょう ………… 各適量
小麦粉…………………… 適量

●作り方
❶鯛の皮に十字に切り目を入れる。塩、こしょうをふり、小麦粉をまぶす。
❷フライパンにオリーブオイルを熱し、①の皮目を下にして中火で約5分焼く。焼き色がついたら裏返して火を通す(焼きすぎないこと)。
※器に盛って、オリーブオイル(分量外)を回しかけてもよい。

ふっくら焼きあがる
鯛の紙包み焼き

●材料(2〜4人分)
鯛……200g(3枚におろしたもの)
塩、こしょう ………… 各適量
わかめ(乾燥) ……………… 2g
ドライトマト ……………… 15g
オリーブオイル …… 大さじ1

●作り方
❶鯛を切り身にし、両面に塩、こしょうをふる。
❷水で戻したわかめは2〜3cm角に、ドライトマトも細かく切っておく。
❸パラフィン紙に②のわかめを敷き、上に①とドライトマトをちらす。オリーブオイルを回しかけ、パラフィン紙を閉じ、200℃に温めたオーブンで12分焼く。
※たけのこなど季節の野菜を入れてもよい。
※ドライトマトがなければプチトマトを半分に切ったものをのせてもよい。

新鮮な鯛を味わうならやっぱり！
塩焼き

●材料(1人分)
鯛……………… 1切れ(約150g)
(3枚におろしたもの)
塩…………………………… 適量

●作り方
❶鯛の切り身に塩をふる。
❷グリルで両面を7〜8分ほど焼く。

薄口醤油で
鯛のあっさり煮

●材料(2人分)
鯛……………半身(約300g)
　　　　　　(3枚におろしたもの)
A ┌ 水……………… 300cc
　├ 酒……………… 50cc
　├ 塩………… 小さじ½
　├ 薄口醤油…… 大さじ1½
　├ みりん………… 大さじ1
　└ ねぎ(青い部分)… 1本分

●作り方
❶鯛を食べやすい大きさに切る。
❷Aを煮立て、①を入れる。
❸落としぶたをして、弱めの中火で7分ほど煮る。
※残った汁でおからを炊いても美味しい。

煮る

香菜との絶妙なコンビ
鯛のアジアンスープ

●材料(4人分)
鯛…… 1尾(3枚におろしたもの)
玉ねぎ………………… ½個
トマト………………… 1個
マッシュルーム………… 3個
香菜…………………… 適量
あら汁(鯛の骨でとる。P72参照)
………………………… 600cc
塩……………………… 少々
A ┌ ナンプラー…… 大さじ1
　├ レモン汁…… 大さじ½
　├ ラー油……… 小さじ1
　└ 塩………… 小さじ½

●作り方
❶玉ねぎはくし形に、トマトはざく切りに、マッシュルームはスライスしておく。鯛の身はひと口大に切っておく。
❷鍋にあら汁と①の野菜、塩を入れ、沸騰したら、鯛の身を入れる。火が通ったら、Aで味つけする。
❸最後に刻んだ香菜をのせる。好みでこしょうをふってもよい。

華やかなごちそうめん
鯛にゅうめん

●材料(2人分)
鯛………1尾(内臓を取ったもの)
だし昆布………………… 1枚
A ┌ 水……………… 800cc
　└ 酒……………… 50cc
B ┌ 薄口醤油…… 大さじ2½
　└ みりん……… 大さじ1½
そうめん…………… 1〜2束
青ねぎ………………… 1本

●作り方
❶鯛の表面に切り目を入れておく。
❷鍋にAを入れて、だし昆布を敷き、①を入れる。
❸沸騰させないように弱火で15〜20分煮る。
❹そうめんはゆでて、水洗いしておく。
❺③にBを入れて味をつけ、ゆでたそうめんを入れる。
❹みじんに切った青ねぎをちらす。
※鯛の切り身を使ってもよい。

鯛 揚げる

木の芽フリット
ふんわり揚げて、鯛のうまみを引き立てる

● 材料(4人分)
- 鯛……120g(3枚におろしたもの)
- 揚げ油……………… 適量
- 塩…………………… 適量
- 衣
- 小麦粉………………… 60g
- 卵白…………………1個分
- 塩…………………… 少々
- 木の芽…… 20枚(刻んでおく)
- 白ワイン(なければ酒)… 70cc

● 作り方
1. 鯛は食べやすい大きさに切り、軽く塩をふっておく。
2. 小麦粉をボールにふるい入れ、刻んだ木の芽、白ワインを加え、溶きのばす。
3. 別のボールに卵白、塩を入れ、角が立つくらいに泡立てる。②のボウルに加え、木べらでさっくりと混ぜる。
4. ①の水気をふいて、薄く小麦粉(分量外)をまぶし、③の中に入れて絡める。油を170℃に熱して、3〜4分揚げる。

※木の芽を飾ってもよい。

揚げる

湯葉巻き揚げ
桜の香りがふんわり香る

● 材料(12個分)
- 鯛…… 60g(3枚におろしたもの)
- 乾燥湯葉………………大1枚
- 塩………………………適量
- 桜の花の塩漬け…………4個
- 揚げ油…………………適量

● 作り方
1. 鯛を4cmのそぎ切りにし、軽く塩をふる。
2. 湯葉は水で戻しておく。桜の花の塩漬けも水につけて塩抜きする。
3. ②の湯葉を13×10cmに切って広げ、①、桜の花を包み、つまようじで留め、160〜170℃で4分揚げる。

※桜の花の塩漬けがなければ、木の芽やゆずなど、ほかのものでもよい。季節を感じられる食材をいっしょに挟むとよい。

鯛のうま味がじわりと口に広がります
豪快唐揚げ

●材料（4人分）
鯛……………………… 1尾
（3枚におろしたもの。頭や中骨も使う。）
塩、こしょう………… 各適量
A ┌ 小麦粉、片栗粉
　└ …… 同量ずつ各適量
揚げ油………………… 適量

●作り方
❶鯛は、身を2cmのそぎ切りにする。塩、こしょうで下味をつけて、Aをまぶす。
❷鯛の身は、180℃に熱した油で2～3分揚げる。
❸頭、中骨は140～150℃の低温でゆっくり素揚げする。最後に強火にしてかりっとさせる。

| 鯛 | 骨とあら |

魚に捨てるところ
＞骨とあらがメインの料理＜

魚の骨はカルシウムのかたまり。あらはコラーゲンの宝庫。
そう、魚1尾さばけたら、健康や美容に欠かせない成分を含んだ
骨やあらも食べることができるんです。
ぜひとも、捨てずにお料理してください。
※あらとは、頭や中骨など身以外で残ったもののこと。

カルシウムの宝庫！
骨せんべい

●材料(4人分)
魚の骨……………………適量
塩…………………………適量
揚げ油……………………適量
●作り方
❶魚の骨を3％の塩水(海水くらいの濃度)に5分ほどつける。
❷①を洗濯ばさみで挟んで風通しのいいところで一昼夜干す。
❸150℃程度の低温の油に②を入れて、じっくりとかりかりになるまで揚げる。

コラーゲンたっぷり！
あら汁

●材料(4人分)
あじのあら(鯛、さば、かれいでもよい)
……………………1尾分
塩…………………………適量
●作り方
❶魚のあらに、塩を少し多めにふりかけておく。
❷15分ほどおくと水が出てくるので、熱湯にくぐらせてから(一瞬でぴんと背ビレなどが立つ)、水で洗う。
❸②を鍋に入れ、ひたひたになるまで水を注ぐ。沸騰直前まで強めの中火にかけ、泡がぶくぶく出てきたら火を弱めて15〜25分煮る。味見をして魚の味がしっかりだしに出たら、できあがり。
※ 煮るときに酒少々や、ねぎ、しょうがなど入れると、魚のくせが和らぐ。

なし!

ごぼうがあらのくせを消す
鯛のあらごぼう

●材料(4人分)
- 鯛のあら……………400g
- ごぼう……………大1本
- A
  - 水……………400cc
  - 酒……………150cc
  - 砂糖…………小さじ2
  - 塩……………小さじ⅓
  - 醤油…………大さじ3
  - みりん………大さじ3
  - しょうが………1かけ

●作り方
① 鯛のあらはさっと熱湯に通して表面が白くなったら氷水にとり、うろこなどは丁寧に取る。
② ごぼうは皮をこそげ取り、5cmに切り、さらに半分に割って水にさらしておく。
③ Aにごぼうを入れて煮立て、沸騰したら、①を入れて汁気が煮詰まるまで煮る。

まろやかな味わい
鯛カレー

●材料(4人分)
- 鯛の頭……1尾分(200〜300g)
- 玉ねぎ……………小1個
- タイのレッドカレーペースト……………1袋(50g)
- ココナッツミルク……200g
- 水……………200cc
- ニンニク……………2かけ
- しょうが……………1かけ
- トマト……………大1個
- 塩、こしょう………各適量
- サラダ油……………適量
- ナンプラー…………適量

●作り方
① 玉ねぎ、ニンニク、しょうがはみじん切りにする。
② 鯛の頭は2つに割って、塩、こしょうを多めにふり、しばらくおく。水気をふき取り、多めの油で揚げ焼きにしておく。
③ 鍋に油と①を入れて炒め、香りが出たら、カレーペーストを入れてさらに炒める。
④ ③にトマトのすりおろしと水、ココナッツミルク、②の頭を入れて中火で15〜20分ほど煮る。
⑤ ナンプラーで味を調える。
※ なすやキノコなどを入れてもよい。

かれい教室

新鮮なかれいの特徴は、全体にぬめりと光沢があること。また腹側が青みががっているものはNG。白いものを選びましょう。腹は張りがあるものが鮮度良好。

かれいの五枚おろし

1 うろこを取る

よく洗ってふいてから、うろこ取りで全体をこそげるようにしてうろことぬめりを取る。包丁の場合は尾から頭へ刃先を全体にすべらせてうろことぬめりを取る。

2 エラを取る

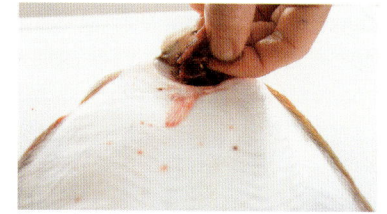

腹のほうを上にして、エラぶたをめくり両端に刃を入れ、指でエラをひっぱり出して取る。

3 内臓を取り出す

腹に包丁で切り目を入れ、内臓をかき出す。冬は写真のように卵がある場合もある。

4 ヒレに沿って切り目を入れる

尾を手前にして、包丁の刃を垂直に中骨にあたるまで入れ、ヒレに沿って矢印の方向へ包丁を動かし、切り目を入れる。

5 反対側も同様に切り目を入れる

頭を手前にして、包丁の刃を垂直にし、中骨にあたるまで入れ、ヒレに沿って矢印の方向へ包丁を動かして切り目を入れていく。

6 頭と胴の間に切り目を入れる

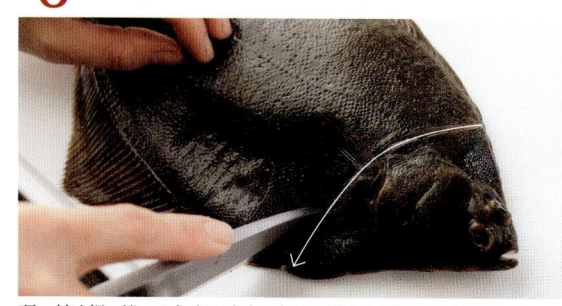

頭の付け根に沿って矢印の方向へ包丁を動かし切り目を入れていく。

7 中心に切り目を入れる

背を上にして、包丁を垂直に中骨にあたるまで入れて、中心の骨に沿って切り目をつける。

8 尾に切り目を入れる

尾から身をはがしやすくするため、中骨まで包丁を入れる(尾を切り落とさないよう気をつける)。

9 背のほうの半身を切り取る

尾を手前にして置き、包丁は尾から頭にむかって、中骨1本1本から身をそぎ取るようにゆっくり動かして、半身を切り取る。

10 もう一方の半身を切り取る

頭を手前にして置き、包丁は頭から尾にむかって、中骨1本1本から身をそぎ取るように動かして、半身を切り取る。

11 腹側をヒレに沿って切り目を入れる

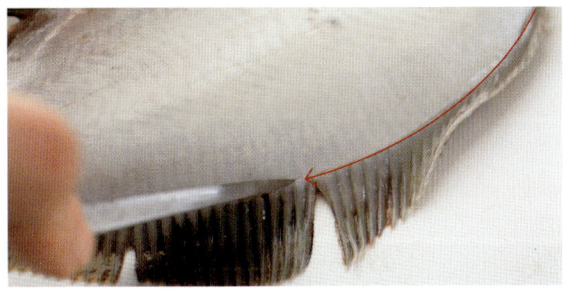

腹を上にして、尾を手前に置き、包丁を中骨にあたるまで入れ、ヒレに沿って矢印の方向へ包丁を動かして切り目を入れる。
次に頭を手前にして、反対側も、包丁を中骨にあたるまで入れ、ヒレに沿って切り目を入れる。

12 頭と尾の中心に切り目を入れていく

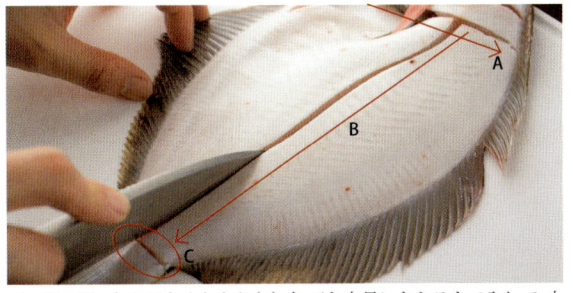

頭と胴の間に切り目を入れたら(A)、包丁を中骨にあたるまで入れて、中心の骨に沿って矢印の方向へ切れ目を入れていく(B)。尾も包丁を中骨にあたるまで入れて切り目を入れる(C)。

13 半身を切り取る

尾から頭にむかって、包丁は中骨1本1本から身をそぎ取るようにして動かし、半身を切り取る。反対側も同様にして半身を切り取る(⑩と同様に)。

・五枚おろしの完成！・

かれい 生

生

かれいのお刺身 薄づくり

1 頭のほうを左にして置き、身と皮の間に包丁を入れる。

2 頭から尾にむかって包丁を動かし、皮と身を離す。

3 皮目を上に、頭のほうを右にして置き、尾のほうから切っていく。包丁は寝かせて、左手は身に軽く添えて、斜めに薄くそぐようにして切る。

ごま油の風味香る
中華風刺身

●材料(2〜4人分)

かれいの刺身 ……… ¼尾分

A
- 青ねぎ(小口切り)
  ………… たっぷり
- 砂糖 ………… ひとつまみ
- 醤油 ………… 大さじ1
- 酢 ………… 小さじ1
- レモン汁 ……… 小さじ1
- ごま油 ………… 大さじ1

●作り方

❶かれいの薄づくりを皿に並べる。
❷Aを混ぜて、①の上にかける。

かれい 焼く

焼く

ハーブたっぷりのグリーンソースをかけて
かれいのムニエル

●材料(2人分)
かれい…1尾(5枚におろしたもの)
塩、こしょう………各適量
小麦粉………………適量
サラダ油……………小さじ2
バター………………小さじ2

グリーンソース
┌ ニンニク(みじん切り)…少々
│ ケイパー(みじん切り)
│ …………………小さじ2
│ ハーブ(みじん切り。ディル、
│ オレガノ、イタリアンパセリなど)
│ …………………大さじ1
│ レモン汁…………小さじ1
│ オリーブオイル…大さじ1
└ 塩、こしょう………各少々

●作り方
❶かれいに塩、こしょうをふり、小麦粉をまぶして余分な粉を落とす。
❷フライパンに油を入れて熱し、バターを入れ①を皮目から先に入れ、中火で3分焼く。
❸表面にこんがりした焼き色がついたら裏返し、少し火を弱め、両面が焼けたら皿に移す。
❹グリーンソースの材料を混ぜて③にかける。
※焼きすぎないこと。

煮る

ふっくらした仕上がり
かれいの煮つけ

●材料(2人分)
かれい……2尾(内臓を取ったもの)
A ┌ 水……………………300cc
  │ 酒……………………100cc
  │ 砂糖………………小さじ1
  │ 塩……………………適量
  │ 薄口醤油……………50cc
  └ みりん………………50cc
しょうが(薄切り)…………2枚

●作り方
❶かれいの水気をよくふき、背の黒いほうに十字に包丁目を入れる。熱湯をかけて、冷水にとり、ぬめりをよく取っておく。
❷鍋に、Aを入れ、しょうがとかれいを入れる。落としぶたをし、中火で8分ほど煮る。途中で5〜6回、汁を上からかけるとよい。火を止めて、5分くらいおいておく。

かれい 煮る

まろやかなアジアンテイストがやみつきに
かれいのココナッツミルク煮

●材料(2人分)
かれい… 小2尾(内臓を取ったもの)
ピーマン …………………1個
玉ねぎ……………………小1個
トマト ……………………1個
ココナッツミルク ……200cc
ニンニク …………………1かけ
しょうが …………………1かけ
赤唐辛子…………………1〜2本
塩……………………… 小さじ⅓
サラダ油 ………………… 適量
ナンプラー ………… 大さじ1
レモン …………………… 適量

●作り方
❶かれいは水気をよくふき、背に十字に切り目を入れる。熱湯をかけて、冷水にとり、ぬめりをよく取っておく。
❷鍋に油を入れ、みじん切りしたニンニク、すりおろしたしょうが、種を取り除いた赤唐辛子を入れて火にかけ、香りが出たらスライスした玉ねぎ、せん切りにしたピーマンを炒め、ココナッツミルク、塩を入れる。
❸野菜がやわらかくなったらトマトをすりおろして(またはざく切りにして)入れ、沸騰したら①を入れる。
❹5分したら味見し、ナンプラー、塩(分量外)で味を調えてから、火を止めてふたをし、5分おく。レモンをしぼってもよい。
※好みで香菜をのせる。

淡白な白身にピッタリな味つけで
かれいのクリームソース煮

●材料(2〜4人分)
かれい……………………1尾
 (5枚におろしたもの。骨も使う)
玉ねぎ …………………… ½個
 (あればセロリやにんじんの切れ端)
水…………………… 200cc
ローリエ …………………1枚
白ワイン ……………… 50cc
生クリーム ……………… 80cc
バター…………………… 大さじ1
塩、白こしょう ……… 各適量

●作り方
❶かれいに塩、白こしょうをふる。骨にも塩をふり、熱湯を回しかけておく。
❷玉ねぎは薄切りにする。鍋に玉ねぎと水、ローリエ、白ワインを入れて煮立て(あればセロリやにんじんの切れ端なども入れて)、①のかれいと骨を弱火で8分煮る。
❸身をくずさないように皿に取り出す。
❹だしが出たら汁をこして、一度煮立ててアクを取りながら大さじ4くらいの量まで煮詰める。
❺④に生クリーム、バターを加えて火を通し、塩、白こしょうで味を調整し、かれいの上にかける。

丸ごと揚げて！
キノコたっぷりあんかけ

●材料(2人分)
かれい … 小2尾(内臓を取ったもの)
塩、こしょう、小麦粉 … 各適量
玉ねぎ … ½個
しめじ、えのき、マイタケなど
　好みのキノコ … 150g
A ┌ 醤油 … 大さじ1½〜2
　├ みりん … 大さじ1
　├ 和風だし … 250cc
　└ 塩 … 少々
片栗粉 … 大さじ½
水 … 適量
揚げ油 … 適量

●作り方
❶玉ねぎはスライス、キノコは食べやすい大きさに切っておく。
❷鍋にAを入れて①を煮ておく。
❸かれいは水気をよくふき、背に十字に切り目を入れる。
❹塩、こしょう、小麦粉をまぶし、160〜170℃に熱した油で油をかけながらゆっくり揚げる。
❺最後に高温で1分ほどからっと揚げる。
❻②に水で溶いた片栗粉でとろみをつけて、⑤にかける。

じゅわ〜っと漬け汁がしみ込む！
かれいの南蛮漬け

●材料(4人分)
かれい … 小4尾(内臓を取ったもの)
塩、こしょう、小麦粉 … 各適量
A ┌ 輪切り赤唐辛子 … 適量
　├ 水(または中華スープ)
　│ … 大さじ3
　├ 醤油 … 大さじ3
　├ 酢 … 大さじ6
　├ みりん … 大さじ5
　└ ごま油 … 大さじ2
玉ねぎ(または赤玉ねぎ)
　… 1個
揚げ油 … 適量

●作り方
❶玉ねぎは薄くスライスする。
❷①をバットに入れ、Aを煮立てたものをかけておく。
❸かれいの背に十字に切り目を入れ、塩、こしょうで下味をつけて小麦粉をまぶし、160〜170℃の油で油をかけながらゆっくり揚げる。
❹最後に強火で1分からっとさせたら、取り出して、②につける。

口の中にビールの香り広がる！
ふんわりビールフリット

●材料(2人分)
かれい … ½尾
　(5枚におろしたもの)
塩、こしょう、小麦粉 … 各適量
小麦粉 … 1カップ
片栗粉 … 小さじ2
卵 … 1個
塩 … 適量
ビール … 大さじ3〜4
揚げ油 … 適量

●作り方
❶かれいをひと口大に切って、ビニール袋に入れ、塩、こしょう、小麦粉をまぶしておく。
❷ボウルに、小麦粉、片栗粉、卵、塩を入れてざっくり溶き、ビールを入れる。
❸①を②に絡ませて、180℃に熱した油で約3分、からっと揚げる。

揚げる

いか教室

いかのおろし方

新鮮ないかの特徴は、全体的に透明感があり黒光りしています。胴に張りがあり、丸みのあるものを選びましょう。また、目が盛り上がっているものは鮮度良好です。白くにごっているものはさけて。

1 胴の下をめくり指を入れる
左手の親指を胴とワタの間に入れ、右手で足の付け根を持つ。

2 ワタを胴から引き出す
ワタと胴を親指ではがしながら(ワタ袋が破けないように)、右手で足をそっとひっぱる。ワタは塩辛やワタ和え料理に使う。

3 胴から骨を抜く
胴についている透明な骨を抜く。

4 胴の中を洗う
胴の中を水でよく洗う。

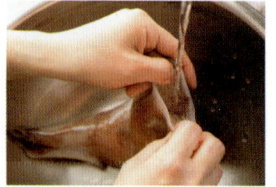

5 エンペラをはがす
胴とエンペラ(三角の部分)の間に指を入れてはがす。

6 皮をむく
頭から足にむかって皮をむいていく(さらしやクッキングペーパーを使うとすべらずむきやすい)。

詰め物料理はこの段階で詰めて。いかリングなどの料理はここで輪切りにする。

7 包丁を入れて胴を開く
骨があった部分
❸で骨を抜いた個所に包丁を入れて胴を開く。

8 薄皮をこそげ取る
包丁の刃先を使って、身を切らないように、胴の内側の薄皮をこそげ取る。

9 ワタと口の下を切り離す
ワタと口の下に包丁を入れて切る。

10 足と目の部分を切り離す
足と目の境に包丁を入れて切る。

11 口をむしり取る
足のいちばん上についている口を手でむしり取る。

12 すみ袋を取る
ワタについているすみ袋を破かないように取る。すみ袋は密閉容器に入れて冷凍保存。たまったらいかすみスパゲッティ(P93参照)に使う。

完成！
エンペラ / すみ袋 / 足 / ワタ / 胴

生

お刺身（細切り）

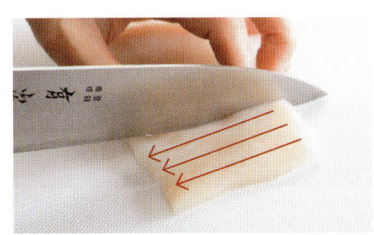

奥から手前にむかって包丁を引きながら切る。

歯ごたえやわらかめ
胴の横の部分を手前にして包丁を入れていくと歯ごたえのやわらかい刺身になる。

歯ごたえかため
胴の足に近い部分を手前にして包丁を入れていくと歯ごたえのかための刺身になる。

お刺身（しそ巻き）

1 胴の足のほうを手前にして、浅く切り目を入れていく。

2 切り目を入れた部分を帯状に切る。

3 切り目を外側にして大葉といっしょに巻いていく。

いか｜生

酒の肴の王道！
いかの明太子和え

少々の酒が味をひきしめる
練りうに和え

●材料(4人分)
いかの刺身 ………… 1ぱい分
辛子明太子 …………… 1腹
●作り方
❶辛子明太子を袋からしごき出し、いかと和える。

●材料(4人分)
いかの刺身 ………… 1ぱい分
練りうに ………… 大さじ2
酒 ………………… 適量
●作り方
❶練りうにを酒少々でのばす。
❷いかを和える。

こってりとした味わいで食べる
いかの卵黄焼き

●材料(2人分)
いか(胴) ……………1ぱい分
醤油………………… 大さじ½
A ┌ みりん…………小さじ1
  │ 卵黄……………1個分
  └ 塩……………… 少々

●作り方
❶いかの胴を切り開き、身の表と裏に浅く格子状に切り目を入れる。
❷さっと醤油をまぶして、グリルで両面を約3分ほど焼く。
❸表面が乾いたら片面にAを塗り、焼き色がつくまで焼く。
❹食べやすい大きさに切る。

焼く

バターの風味と相性ぴったり
いかじゃがバターソテー

●材料(2人分)
いか(胴と足)…………1ぱい分
じゃがいも ……………大1個
ニンニク ………………1かけ
バター …………………30g
塩、こしょう ………… 各適量
酒(または白ワイン)……大さじ1
醤油 …………………… 小さじ1

●作り方
❶いかをおろし、胴は輪切りにする。足はひと口大に切る。ニンニクはつぶす。
❷じゃがいもをよく洗い、皮つきのまま食べやすい大きさに切る。
❸フライパンを熱してバターを溶かし、つぶしたニンニクを香りが出るまで炒める。
❹②をフライパンに入れて透き通るまで炒め、塩、こしょうを加えてふたをし、中火で4〜5分素材自体の水分で蒸し焼きする。
❺火を強めて①のいかを加えて炒め、色が変わったら酒、醤油を回し入れて、汁気をとばす。

ぷりぷり食感がくせになる！
いかげそチヂミ

●材料(2〜4人分)
いか(足) ……………1ぱい分
にら ………………… 1〜2束
にんじん ……………… 4cm
衣
A ┌ 水………………100cc
  │ 強力粉…………1カップ
  │ 卵 ………………1個
  └ 塩………………小さじ½
たれ
B ┌ ごま油………大さじ½
  │ 醤油…………大さじ½
  │ 酢……………大さじ½
  └ おろしニンニク … 少々

●作り方
❶いかの足は3cmに、にらは4cmに切り、にんじんはせん切りにする。
❷Aを混ぜて①を入れ、ごま油(分量外)をひいたフライパンで、両面をかりっとするまで(8分くらい)焼く。
❸Bを混ぜたたれを添える。

いか ゆでる

あつあつ油を上からかけて！
ゆでいかの中華風ねぎソース

さわやかな味わい
いかとトマトのマリネ

ゆでる

●材料(4人分)
いか(胴)・・・・・・2はい分
酒・・・・・・・・・・大さじ1
塩・・・・・・・・・・少々
片栗粉・・・・・・・・大さじ1
A ┌ ねぎ(みじん切り)・・・½本
　 │ しょうが(おろしたもの)
　 │ ・・・・・・・・少々
　 │ 塩・・・・・・・小さじ½
　 └ 醤油・・・・・・大さじ½
ごま油・・・・・・・・大さじ2

●作り方
❶Aは混ぜておく。
❷おろしたいかの胴の裏側に格子状に切り目を入れ、3cm角に切る。
❸酒と塩をふり、片栗粉をまぶしてから白くなるまでさっと湯に通す。
❹③を①で和え、あつあつに熱したごま油をさっとかける。

●材料(4人分)
いか(胴)・・・・・・1ぱい分
プチトマト・・・・・・8個
酒(または白ワイン)・・大さじ2
マリネ液
A ┌ 玉ねぎ(みじん切り)
　 │ ・・・・・・・・¼個
　 │ ニンニク(すりおろし)
　 │ ・・・・・・・・少々
　 │ オリーブオイル・・大さじ2
　 │ 塩・・・・・・・小さじ½
　 │ こしょう・・・・適量
　 │ 酢(またはレモン汁)
　 │ ・・・・・・・・大さじ1
　 └ はちみつ・・・・大さじ1

●作り方
❶Aの材料をよく混ぜておく。
❷いかは、胴からワタと足を引き抜く。
❸トマトを湯むきする。その湯に酒(または白ワイン)を入れ、②を入れてゆでる。
❹いかの色が変わったら引きあげて、水気を切り、1cmの輪切りにする。
❺トマトと④を①につける。
※マリネ液にカレー粉を少々入れても美味しい。
※いかはゆですぎないこと。

さっぱり和えもの
いかとセロリのからし和え

ピーナッツがコクの秘密
いかのタイ風サラダ

●材料(4人分)
- いか(胴) …………… 1ぱい分
- セロリ ………………… ½本
- 酒 ……………………… 大さじ1
- 塩 ……………………… 適量
- A
  - 練りからし … 小さじ⅓
  - だし醤油 …… 大さじ2

●作り方
❶いかは、胴からワタと足を引き抜く。
❷胴を切り開いてエンペラと皮をはがし、長さ5cm、幅1cmの細切りにする。セロリはすじを取って長さ5cm、幅1cmに切る。
❸鍋に湯を沸かして塩少々を入れ、セロリを1分半〜2分ゆでてざるにとる。
❹③の湯に酒を入れ、いかをさっとゆでる。
❺いかとセロリの水気を切って、Aで和える。

●材料(4人分)
- いか(胴) …………… 1ぱい分
- 酒(または白ワイン) …… 大さじ1
- きゅうり ……………… 20g
- 香菜 …………………… 1本
- 春菊の葉 ……………… 1本分
- 赤玉ねぎ ……………… 30g
- ピーナッツ …………… 12粒
- ミント ………………… 少々
- ドレッシング
- A
  - ナンプラー … 大さじ2
  - ライム(なければレモン)
    ……………… 大さじ2
  - ニンニク(みじん切り)
    ……………………… 適量
  - はちみつ …… 大さじ1
  - 赤唐辛子(輪切り) … 適量

●作り方
❶いかは胴からワタと足を引き抜き、エンペラと皮をはいでおく。
❷鍋に湯を沸かし、酒(または白ワイン)を入れ、①を入れてゆでる。1〜2分ゆでたら引きあげて、ざるで水気を切る。
❸野菜は食べやすく切り、ピーナッツは刻む。
❹②を1cmの輪切りにし、皿にミント、野菜と盛りつけてAのドレッシングで和える。
※好みの野菜を使ってよい。

いか　煮る

おふくろの味
いかと里芋の煮物

●材料(4人分)
- いか(胴と足)……………2はい分
- 里芋………………………大4個
- A
  - だし(または水)……300cc
  - 砂糖……………………大さじ1
  - 酒………………………大さじ2
  - みりん…………………大さじ2
  - 醤油……………………大さじ3
  - しょうが(薄切り)……3枚
- ゆずの皮…………………適量

●作り方
1. 里芋は皮をむいて乱切りにし、ふきんでふいてぬめりを取っておく。
2. いかは足を取るところまでおろし、よく洗って水気をふき、2cmの輪切りにする。足は吸盤をこそげ取り、食べやすい大きさに切る。
3. 鍋にAを煮立て、②を入れて3分煮て取り出す。いかを取り出した鍋に①を入れてやわらかくなるまで煮る。
4. 取り出しておいたいかを戻してさっと温める。
5. 器に盛って、ゆずの皮のせん切りをちらす。

特に新鮮ないかを使って！
3分で完成 いかのさっと煮

●材料(2人分)
- いか(胴と足)……………1ぱい分
- A
  - 水………………………200cc
  - 酒………………………大さじ3
  - 塩………………………適量
  - 薄口醤油………………大さじ1
  - みりん…………………大さじ1

●作り方
1. いかは足を取るところまでおろし、よく洗い、水気をふく。
2. 胴は2cmの輪切りに、足は吸盤をこそげ取り、食べやすい大きさに切る。
3. 鍋にAを煮立て、①を入れて3分煮る。あとは余熱で5分置く。

炊飯器で簡単にできる！
いか飯

●材料(4人分)
- いか(胴と足)……………2はい分
- もち米……………………1合弱
- 醤油………………………小さじ2
- ゆずの皮…………………適量
- A
  - 水………………………150cc
  - 酒………………………100cc
  - 砂糖……………………大さじ3
  - 醤油……………………大さじ3
  - しょうが………………1かけ

●作り方
1. もち米を洗い、1時間以上水につけたら、よく水気を切っておく。
2. いかは、胴からワタと足を引き抜き、きれいに洗う。
3. いかの足とゆずの皮を細かく刻む。
4. ①に③と醤油を混ぜる。
5. ④をいかの胴に詰め、口をつまようじで留める。
6. 炊飯器の内釜にAと⑤を入れスイッチオン(写真1)。炊き始めて20分たったらふたを開けて一度裏返してさらに炊く。

※炊飯器によってはなかなかスイッチが切れないものがあるので、40分たっても切れない場合はふたを開けて確認する。汁気が煮詰まっていれば止めてよい。

山芋がかくし味！
いかのキノコ詰め 和風煮

レーズンがアクセント
いかのパン粉詰め トマト煮

●材料(2人分)
- やりいか(胴)……… 4はい分
- 山芋……………… 5cm(約50g)
- しいたけ、エリンギ、えのきなど好みのキノコ……… 150g
- サラダ油………… 小さじ2
- A
  - 酒…………… 小さじ2
  - 塩…………… 適量
  - 醤油………… 小さじ2
- B
  - 水…………… 200cc
  - 酒…………… 大さじ3
  - 砂糖………… 大さじ2
  - 醤油………… 大さじ2
  - みりん……… 大さじ1

●作り方
❶いかをおろしたら、水気をよくふき取り、酒(分量外)をふる。
❷キノコは小さく切って油で炒め、Aを回しかけ、すりおろした山芋を混ぜる。
❸①のいかに②を詰め(写真1)、口をつまようじで留める。
❹鍋にBを煮立たせて③を並べ入れ、ひと煮立ちしたら中火で落としぶたをして15分煮る。

1

●材料(2人分)
- やりいか(胴と足)…… 4はい分
- 白ワイン…………… 大さじ1
- タイム(あれば)……… 少々
- トマト水煮缶……… 1缶(450g)
- ニンニク … 1かけ(半分に分ける)
- 玉ねぎ… 小1個(半分に分ける)
- オリーブオイル …… 大さじ2
- A
  - レーズン………… 大さじ1
  - パセリ(みじん切り)… 小さじ1
  - 松の実(刻んだもの)……… 大さじ1
  - パン粉……… ½カップ (なければご飯)
- 砂糖………………… 3つまみ
- 塩…………………… 2つまみ
- 小麦粉……………… 適量

●作り方
❶いかはおろして、足は細かく刻んでおく。全体に白ワインとタイムをふる。
❷ニンニクは半分をみじん切りに、半分はつぶしておく。玉ねぎはすべてみじん切りにする。
❸フライパンにオリーブオイルを入れ、みじん切りのニンニク、玉ねぎ(½量)を炒める。①のいかの足とAを加えて塩をふり、3分炒める。
❹③のあら熱が取れたら、①のいかに詰める(7分目くらいまで)。口をつまようじでさして留め、小麦粉をつけて、オリーブオイル(分量外)で色づくまで炒めて取り出す。
❺④のフライパンに②のつぶしたニンニクを入れて弱火で炒め、香りが出たら、残りの玉ねぎを入れて炒め、トマトをくずし入れ、砂糖、塩を入れて、④を戻し入れる。
❻15分ほど煮て、塩(分量外)で味を調整してできあがり。

いか 生

揚げる

リングフライ
おろしたてだから 歯ごたえぷりぷり

●材料(4人分)
- いか(胴)………… 2はい分
- 小麦粉………………… 適量
- とき卵………………… 適量
- パン粉………………… 適量
- 揚げ油………………… 適量

●作り方
① いかをおろして胴の中をきれいに洗い、よくふく。
② ①を約2cmの輪切りにする。
③ 小麦粉、とき卵、パン粉の順につけ、180℃に熱した油で3〜4分揚げる。

げそのかき揚げ
おろしたて、揚げたてが最高！

●材料(4人分)
- いか(足)………… 2はい分
- 玉ねぎ……………… ½個
- にんじん…………… ¼本
- A ┌ 卵 …………… ½個
　　└ 水 ………… 大さじ1
- 小麦粉……………… ½カップ
- 片栗粉……………… 小さじ1
- 塩、こしょう……… 各適量
- 揚げ油………………… 適量

●作り方
① いかは足の先を5mmほど切り捨てる。包丁の背で全体をたたき、やわらかくして、1cmくらいに切っておく。
② 玉ねぎは粗みじんに、にんじんはせん切りにする。
③ ①②をボウルに入れ、小麦粉、片栗粉、塩、こしょうを入れて軽く混ぜ、Aを入れて、ぽってりしたら170℃に熱した油に落としながら揚げる。
※しいたけや豆などを入れてもよい。

いかコーンボール
もっちり感が美味しい

●材料(18個分)
- いか(胴)………… 2はい分
- 卵白………………… 1個分
- 塩…………………… 小さじ2
- コーン……………… ½カップ
- 片栗粉………………… 適量
- 揚げ油………………… 適量

●作り方
① いかをおろして皮をはぎ、フードプロセッサーにかける。
② ①に卵白、塩を入れてさらに混ぜて取り出す。
③ ②にコーンを混ぜて丸め、片栗粉をまぶして170℃に熱した油で4〜5分揚げる。
※ ミックスベジタブルを入れてもよい。

いかワタ料理

**いかワタ料理の素！
いかワタの塩漬けを作ろう**

新鮮ないかのワタ2はい分に塩を大さじ3程度まぶし、ひと晩おく。冷蔵庫で1週間保存できる。

酒の肴にも、ご飯にも合う
絶品！いかワタのホイル焼き

●材料(4人分)
いかワタの塩漬け …1ぱい分
いか(足) ………… 1ぱい分

●作り方
❶いかワタの塩漬けは塩をキッチンペーパーなどでぬぐい、酒で洗って水気をふく。
❷いかの足は食べやすい大きさに切る。
❸①②をアルミホイルに入れてトースターかグリルで5分焼く。

※フランスパンにニンニクをすりつけて、これをのせると白ワインに合う。

キャベツはシャキシャキ感を残して！

いかワタキャベツ炒め

●材料(1人分)
- いかワタの塩漬け …1ぱい分
- いか(足) ………… 1ぱい分
- 酒 ………………… 小さじ1
- キャベツ ……… 1/8個(200g)
- しょうがのスライス … 少々
- サラダ油 ………… 大さじ1

●作り方
❶いかワタの塩漬けの塩をふき取り、中をしごき出し、酒と混ぜる。
❷キャベツはざく切りにする。いかの足も食べやすい大きさに切る。
❸鍋に油を熱し、しょうが、いかの足を炒め、キャベツを入れて、油が回ったら、①を加えて、さっと炒める。

日本酒でキュッと一杯やりたくなる

いかとかぶのワタ煮

●材料(4人分)
- いか(胴と塩漬けできない生のワタ) ………… 2はい分
- かぶ ……………… 5〜6個
- A
  - だし(または水) … 300cc
  - 酒 ……………… 大さじ3
  - 塩 ……………… 適量
  - 醤油 …………… 大さじ3
- あさつき ………… 適量

●作り方
❶かぶは皮をむき、2〜4等分に切る。
❷いかは、胴からワタと足を引き離し、胴を2cmの輪切りにする。
❸ワタを足から切り取り、すみ袋を取り除いて酒大さじ1(分量外)につける。足は先を切り落とし、包丁の裏側で軽くたたいて切り分けておく。
❹鍋にかぶとAを入れて火にかけ、沸騰したらいかを入れる。
❺④が煮立ったらワタをしごき入れ、中火で30分ほど、途中で返しながら煮る。
❻器に盛り、あさつきをちらして完成。

家で手軽にできる！ 添加物一切なし
いかの塩辛

冷凍しておいたいかすみを使って
いかすみスパゲッティ

その他

● 材料(4人分)
いか(胴とワタ) ……… 1ぱい分
塩 ……………………… 大さじ2

● 作り方
❶いかのワタ(新鮮なもの)に塩をしっかりとまぶし、ひと晩おく(写真1)。
❷胴は皮をはぎ、軽くぱらぱらと塩をふって、洗濯ばさみでひと晩吊るして干す(写真2)。
❸翌日に②を細く切り、①の塩をふき取って中身をしごき出して和える。
※ワタはしごき出した後にざるでこすと口あたりがなめらかになる。
※日がたつにつれ熟成して味がまろやかになっていく。
※いかのくせが気になる場合は、少量の酒やゆずをしぼったもの、ゆずの皮を加えてもよい。新鮮なら、まったくにおうことはない。

● 材料(2人分)
いか(胴) ……………… 1ぱい分
いかすみ ……………… 3ぱい分
スパゲッティ ………… 180g
酒 ……………………… 小さじ1
ニンニク ……………… 大さじ1
赤唐辛子 ……………… 1本
オリーブオイル …… 大さじ2
塩 ……………………… 1つかみ

● 作り方
❶いかは胴からワタと足を引き離しておく。
❷胴を1cmの輪切りにする。
❸いかすみはしごき出して酒でのばしておく。
❹ニンニクはみじん切りにする。
❺塩(分量外)を入れた湯で、スパゲッティをゆでる。その間に、フライパンにオリーブオイルを入れ、ニンニク、種を取り除いた赤唐辛子を加えて火にかけ、香りが出てきたら、②のいかを炒める。
❻⑤に③のいかすみを加え、表示時間の1分前にスパゲッティをフライパンに移す。ゆで汁で塩味を調整する。
※いかすみは、おろすたびにあまるので、冷凍してためておくとよい。

お魚知っ得メモ！

ちょっと知っておくだけで、魚が何倍も美味しく食べられるコツ
さばいた後の後始末が楽になる処理の方法
新鮮さを長持ちさせられる冷凍方法のコツなどを紹介します。

Q 魚のくさみが苦手なんです。

A 魚のくせ（くさみとは言わないで！）を取るコツはいろいろ！

魚のくせのもとは血。買ってきたらすぐに内臓とエラを取り除く処理をすることが大切です。魚がたくさんあって冷凍する場合も、処理をしてからラップに包んで(写真1)冷凍庫へ入れるといいでしょう。

また、下処理時や味つけの最後に①レモンや梅酢をしぼる、②ニンニクやしょうがなどを炒めた香り油を使って調理する、③ハーブやニンニク、しょうがなどの香味野菜といっしょに調理をする、④梅干しやごぼうと煮るなどをすると、より効果的です。

Q 親戚からたくさん魚が送られてきた！安売りしていたので山ほど買ってしまった！どうやって保存したらいい？

A 正しい冷凍保存で美味しく長持ち！

まずは内臓とエラを取り除いてから、水気をよくふき取り、空気に触れないようにラップでピッチリ包んでから冷凍すること(写真1)が重要です。

またミンチにして、密封できる袋や容器に入れ、しっかり空気を抜いてから(写真2)冷凍しておくと、使いやすいのでおすすめ。

おろした後に、一度火を通したり湯引いてから冷凍するとくせが残りません。しょうゆ：みりん：だしを1：1：2の割合で混ぜた調味液につけたまま冷凍(写真3)する方法も、味がしっかりつき、くせも残らないのでおすすめです。

Q 魚料理って、においや血など後片付けが大変なのが悩み。
A ほんのひと手間で後片付けも楽チンに！

　魚を焼く場合は、グリルをしっかり温めてから入れると皮がグリルにくっつきません。また、切り開いた牛乳パックをまな板代わりに使う（写真1）と、まな板ににおいがしみこません。

　うろこを取る場合は水にぬらした新聞紙を広げた上で処理する（写真2）と、飛び散ったうろこの後始末が楽になります。処理した内臓もそのまま包んで捨てることができるので掃除も楽！　鯛など、うろこがかたい魚の場合は大きめのビニール袋の中で処理すると、うろこがあちこち飛び散りません。

Q お魚料理の見た目を美味しくするコツ、きれいにみせるコツってありますか？
A いくつかのルールを心得ておくと、プロの味や見た目に近づけます！

　単純なことですが、お刺身をつくるときは、包丁にうろこがついていないかを確認すること！　また調理前に皮に切り目を入れること（写真1）で、早く火が通りますし、また皮が破れるのを防げると知っておきましょう。魚が水っぽくならないようにするには、調理前や保存前には水気をふき取っておくこです。

　最後の仕上げでもある、付け合せの盛り付けは、魚の手前、右端に添えます（写真2）。油ののった旬の魚は、付け合わせに大根おろしを添えるとさっぱりして美味しくなります。

あとがき

　魚と言えば目の前の瀬戸内海で泳いでいるもの、そしてそれが晩ごはん、みたいな子供時代を送った島っ子の私は、東京にきて5年以上もほとんど魚を買うことができませんでした。それが変わったのは、吉祥寺にあるとびきりの魚屋『魚菜』さんと出会ってからです。その魚屋さんが「このおろし方さえ知っておけば、小魚から、マグロまでお手のもの」という一番の基本をお教えくださいました。それがはじめにご紹介した基本のさばき方です。

　そしてまたもう一人の魚の師匠である漁師の奥本さんはこんなことをおっしゃいました。「一焼き二造り三で捨てるなら煮て食え、言うてのお、新鮮な魚は焼いて食うんが一番うまいっ」。そうか！ と火を通した魚のおいしさに目覚めたのもその頃でした。

　リンゴの皮をむくような気持ちですると魚を料理できたなら、今日はああしよう、あの人と一緒にこれを食べよう、と楽しみは広がってゆくばかり。さあて今日の晩ごはんは何にしようかな。

濱田美里

濱田美里（はまだ・みさと）

1977年、広島県の下蒲刈島に生まれる。上智大学在学中、ライブイベント「ミサトノユウベ」を主宰。在学中から世界の民族料理や日本の郷土料理を訪ね歩く。ライフワークはファンキーなおばあさんの話を聞くこと。新聞、雑誌、ウェブでのエッセイの執筆、TV出演など幅広く活躍中。全国での料理講習会も精力的に行っている。また、国際中医薬膳師の資格を持ち、現在も中医学の勉強中。
著書に『ホームベーカリーだから美味しい！ 黄金の配合率でつくる焼きたてパン』、『卵・バター・牛乳・砂糖なしだから美味しい！ 華やかケーキと素朴お菓子』、『玄米菜食美人べんとう』（河出書房新社刊）、『簡単！ びっくり！ 炊飯器クッキング』シリーズ3冊、『簡単！ びっくり！ 土鍋クッキング』（主婦と生活社刊）、『キッチンばさみcooking』（アスコム刊）、『土鍋ひとつ！ でおいしくできた！』（青春出版社刊）など。
ホームページ「濱田美里の天才食堂」はこちら。
http://www.misato-shokdo.com/

撮影	安田 裕
アートディレクション	釜内由紀江（GRiD）
ブックデザイン	太田久美子（GRiD） 船渡川沙保（GRiD） 五十嵐奈央子（GRiD）
スタイリング	渡辺久子
料理アシスタント	池田名加代 大久保和子 野田裕美
校閲	今西文子 白土章
編集アシスタント	山原くい奈
編集	斯波朝子
Special thanks to	牧貴博（魚菜） 奥本英壮

魚を一尾、さばけたら!?　濱田美里のお魚教室

2007年 4月30日初版発行
2009年11月30日 6刷発行
著　者　濱田美里
発行者　若森繁男
発行所　株式会社河出書房新社
　　　　〒151-0051　東京都渋谷区千駄ヶ谷2-32-2
　　　　電話03-3404-8611（編集）
　　　　　　03-3404-1201（営業）
　　　　http：//www.kawade.co.jp/
印刷・製本　三松堂印刷株式会社
ISBN978-4-309-28091-2
Printed in Japan
落丁本・乱丁本はお取り替えいたします。
本書の無断転載（コピー）は著作権法上の例外を除き、禁止されています。